JN116218

400年の
時を超えて

島原城
まるわかり
ブック

島原城築城400年記念事業実行委員会

はじめに

《島原城まるわかりブック》へようこそ。

島原城は、大和国五條二見（現奈良県五條市）から島原に移封した松倉豊後守重政公により、１６１８（元和４）年から７年もの歳月を費やして建設されました。以降、江戸時代から現在に至るまで「島原・天草一揆」や「島原大変」などの歴史的大事変に遭いながらも、２５０年もの間、島原藩庁としての役割を果たし、島原半島の政治・歴史・文化の中心として地域の発展に貢献し続けてまいりました。

本書は、築城から４００年を迎えた島原城がこれまで歩んできた歴史の様々な史料に焦点を当て、島原城に関する豊富な情報や興味深い物語を探求する案内書として、大人から子どもまで幅広い世代に手に取っていただくことを目指して作りました。

なお、島原城の建築や周辺史跡についての情報だけでなく、歴代のお殿様の人柄や時代背景などについても掲載しており、非常に多面的に理解することができる構成となっております。

どうかこの本を一人でも多くの方が手に取られ、島原城・城下町島原の奥深い歴史にさらに興味を持っていただき、新たな文化や魅力を創造しながら、次の世代へと、またその次の世代へと末永く継承されることを切に願います。

島原城築城４００年記念事業実行委員会

会長　古川　隆三郎

目　　次

第1章　島原城を知る

1 見どころは天守だけにあらず

江戸時代に築城が許された島原城以外の城郭

島原城が築城された元和期（一国一城令施行以降）に築城された城郭は、島原城を含め12城しかありません。京都・大坂に近い尼崎城・高槻城・明石城・淀城・水口城、山陽道の要として福山城、山陰道の要として浜田城、東北地方の要として棚倉城・新庄城・小峰城が築かれました。また、廃城となっていた丸亀城が再び築かれています。この時代に築かれた城郭はいずれも一大名が築城したというよりも地政学的に重要な地点に築城されており、幕府の意向が感じ取れます。【参考文献】白峰旬『日本近世城郭史の研究』（1998年）

島原城は、元和4（1618）年に松倉重政が着工し、寛永元（1624）年に主要部分が完成したと考えられます。県内の藩庁として機能した城の中では、敷地面積や櫓・門数、建築・石垣の規模の点で最大の城郭です。

　中心部は、本丸・二ノ丸・三ノ丸が南北に並ぶ構造で、その周囲には家臣団屋敷を取り込んだ外曲輪を構えて城の外郭線を形成しています。敷地全体の規模は、東西約350m、南北約1,200mで、平面は長方形を基調としています。中世から続く森岳城を踏襲し構築された城郭で、江戸時代に幕府が新規築城を原則禁止していた中で築城が許された全国的に見ても数少ない城郭です。その内部構造は極めて特徴があり、大手口から二ノ丸へ経て本丸の天守に至るまでの複雑な城道や30基を越える外曲輪の櫓群など、防御を意識した堅固な遺構が残っています。

　また、本丸北半分を占める広大な虎口空間の石垣には、桃山時代からの伝統的な様式の鏡石・立石が認められる一方、各曲輪の高石垣の隅角部分には江戸時代前期の先進的な算木積みの技法を見ることができ、慶長から元和の築城技術の転換期の様子が良く残っています。

2 島原城の外曲輪

島原城（天守閣）

一般に島原城というと堀で囲まれた本丸（天守閣が建っている所）や二ノ丸（島原文化会館が建っている所）をイメージしますが、本当の島原城はもっと大きく広いのです。お堀で囲まれた部分を内曲輪とすれば、その外側を外曲輪と呼ぶことができます。外曲輪の石垣は、江戸時代の島原の様子を描いた絵図にも描かれており、今でも残っている所があります。具体的に見ると、南側は裁判所（大手門跡）、図書館、法務局の南側の石垣です。島原振興局はこの石垣の塁線をまたいで建っています。九州電力島原営業所前の車道の段差もこの外郭線の名残です。東側は、上の町の山側、新生病院下の高石垣から北に延びる石垣で、これがだんだん低くなりながら北門まで続きます。北側は、北門町交差点南側に石垣が残っています。西側は、第一中学校の南側と、片原丁通りの道路の脇に名残があります。

それぞれ、高さに違いはありますが、石垣で城の内外を区画し、城への出入りは七つの門でしかできない仕組みになっていました。島原・天草一揆（島原の乱）では、一揆勢が城内に突入するため、大手門や桜門（第一中学校付近）で城方と戦っています。この外曲輪がいわゆる「城内」で、これらを含む周辺地域は「城内一丁目〜三丁目」という名称で親しまれています。

森岳商店街

島原城の東側に広がる森岳商店街。昔からこのあたりの丘を「森岳」と呼んでいたことからこの名を冠しています。この町割りは松倉重政によってなされたものです。江戸時代は「有馬町」・「三会町」など島原半島の地名（町人たちの出身地）を関する町名がつけられていました。現在は、明治期から昭和期の近代建築も残されており、城下町の繁栄の歴史を今に伝えています

森岳商店街の老舗、猪原金物店

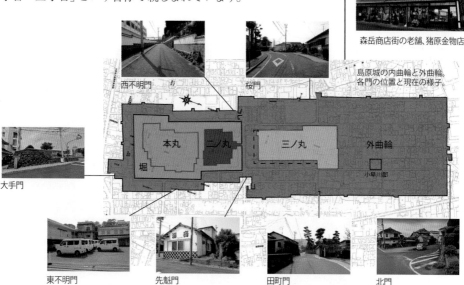

西不明門　桜門

大手門

島原城の内曲輪と外曲輪。各門の位置と現在の様子。

本丸　二ノ丸　三ノ丸　外曲輪

堀

小早川館

東不明門　先魁門　田町門　北門

島原城は、その文化的な価値が認められ、平成28年2月18日には、長崎県指定史跡となりました。

3 島原城の石垣 算木積みの謎

算木積みとは？

算木とは昔の算術の道具。この算木を積み重ねていくような石垣の積み方を「算木積み」といい、主に石垣の隅角部に用いられています。「算木積み」は城郭に石垣が用いられていく過程で変化してきました。「算木積み」を構成する石材（角石・角脇石）が徐々に規格化されていったからで、城郭ごとに異なる「算木積み」の変化を楽しむことも“通”な楽しみ方です。

平成24年6月に崩落した島原城本丸西側の石垣は復旧工事に併せて発掘調査を行いました。崩落した石垣の南側に直交する石垣の築石（つきいし）から、本来隅角部分にあるはずの「算木積み」の部分が見つかりました。

「算木積み」とは石垣の隅角部分の積み方で、直方体の石材の長辺と短辺を交互に組み合わせて積む方法で、計算や占いに用いる算木の形に似ていることから、この名が付けられたと言われています。戦国時代末期の城郭の石積技術の発達により進化し、当初は横長の自然石を用い、形も長さも不揃いで、石材を交互に置かない場合もありましたが、島原城が作られた元和の時期は築城技術が最も高まった時期で、綺麗な長方形に整えられた石材が交互に積まれています。

「算木積み」があるということは、この部分がもともと隅角部分であった証拠ですが、現在まで知られている絵図では、この部分が隅角となるものは見つかっておらず、いつ頃、なぜこのような状態になったのか分かっていません。今後の発掘調査や絵図の調査で「算木積みの謎」が解明されることが期待されます。

島原城石垣の最高傑作、
本丸南西隅高石垣

本丸西側謎の算木積み

本丸南東隅石垣

本丸南東側屏風折れ石垣

4 びょうぶ折になった石垣

　島原城が最も美しく見えるのは、本丸南東（新生病院）側から見上げるアングルだと言われます。島原城のポスターなどにも使用され、市民や観光に訪れた人たちに親しまれている風景です。

　さて、そこから少しだけ北に移動して石垣を見ると、幾重にも折り重なって、まるで「びょうぶ」のように見えます。これだけでも美しい景観ですが、実はこれが島原城の防御のために重要な意味があるということを皆さんは知っていましたか。石垣のラインが何度も折り曲げることで、敵を攻撃する角度が大きくなり、攻めて来る敵を側面から矢や鉄砲で攻撃することができるのです。島原城の築城者は「築城の名人」松倉重政。大手門側の、いわゆる城の正面にこのような強固な防御機能を持つ石垣を築くことは、大手門からの入城者に島原城の力強さを見せつける松倉重政の意図があったのかもしれません。

　しかも、それが天守や櫓と相まって、島原城の堂々たる姿を形成していました。

　本丸南東側から見上げる島原城に私たちが魅了されるのは、そこに島原城の力強さを感じるからなのでしょう。

**写真を撮るなら
このアングル**

写真上は令和4年の島原市の観光ポスター。城の写真は難しく、全体をバランス良く撮るのは苦労するものです。そんな時、人に教えたくなるのがこの本丸南東からのアングル。少しセットバックできるので、お城全体、タテに構えれば石垣まできれいに入ります。桜や堀の蓮を入れると、季節で表情が変わります。

5 石割技術がわかる石垣の矢穴

左：最大級の矢穴
下：割らずに使用された石材

他でも使われている「島原石」

「島原石」は雲仙火山由来のデイサイトのことです。「島原石」は柔らかい石質であるため、島原城の石垣以外にもさまざまな利用がされています。墓石や羅漢像をはじめとする石造物のほか、水路の石樋など島原に暮らす人々の生活の中で重宝されてきました。

　島原城の石垣にはたくさんの石材が使われています。

　本丸・二ノ丸・堀の石垣の立面積の合計はおよそ 2 万6,800㎡あり、石材一つを 1 ㎡として計算すると 2 万6,000個の石材が使用されていることになります。実際は小さな石材も使用されているのでそれ以上の数になります。石材はすべて「島原石」と呼ばれるデイサイトで、雲仙火山が産出したものです。石材のなかには、「四角」にくぼんでいる部分を持つ石材があります。これは、石材を割るために彫られた「矢穴」と呼ばれ、当時の石割技術の痕跡です。「石ノミ」で石材に長方形の穴をあけ、その中にくさび状の「石矢」を入れ、石矢の頭をゲンノウ（ハンマー）で打ちこむと、矢穴が広がり、石材が割れます。島原城の石垣を詳細に観察すると、このようにして石材の大きさを大まかに整えた、自然面を残す粗割石が多く見つかります。矢穴には、大きいものと小さい矢穴があり、大きい矢穴は幅が16cm程あり、小さい矢穴は 6 cm程で 3 倍程の差があります。矢穴は、築城時のものが大きく、次第に小さくなっていくと考えられます。

　古文書の石垣修復記録と実際の矢穴を比較すれば、矢穴の大きさがどのように変わってきたかが判明し、古文書に無い修復記録も知ることができます。

これが道具を使った石割技術だ！

6 梅林の中に点在する鏡石

　島原文化会館側から、島原城の本丸に向かってお堀の階段を上ると、現在は梅林があります。2月には、梅の花が咲き誇り、市内外から訪れる観光客の目を楽しませています。

　さて、梅林の中で足を止めて石垣を見ると、人の大きさを超えるほどの大きな石が埋め込まれているのを見ることができます。階段を登り切ったところに、まず一つ。よく見ると奥にもいくつかあることが分かります。この大きな石が、じつは島原城の石垣に施された装飾の意味を持つものだということを、皆さんは知っていましたか。この大きな石は「鏡石」というもので、本丸の入口などに特別に大きな石を据え付けて、そこを通る者に城主の権威を見せつけるという、桃山時代に出現した伝統的な築城技術の一つです。島原文化会館が建っている二ノ丸から、天守の建つ本丸への通路として、江戸時代には廊下橋が架けられており、鏡石は本丸の入口にあたる虎口空間に据え付けられています。島原城の本丸に入る者に権威を見せつけようという築城者、松倉重政の思いを、鏡石が今に伝えています。

7 大手枡形からわかる防御力の高さ

「大手」とは、城の正面玄関のことで、もともとは「追手」と表記され、島原城は、東向きに大手門が築かれていました。通常、大手の内側は「大手枡形」または「枡形」と呼ばれる空間が存在します。現在、島原城の大手枡形は、島原裁判所の敷地となり、周囲の石垣が当時の名残を伝えています。絵図を見ると、島原城の大手枡形は、外線の南側に飛び出した「外枡形」の縄張

島原裁判所敷地内にある
大手門跡

で、このような形状は一見すると三方向から集中攻撃を受けてしまいそうですが、城外まで含めて考えると大手の東は海、南は大手川が流れ、敵が自由に動ける空間はそれほど広くありません。大手の西側と東側に攻める敵に対しては、外曲輪と連動して敵の側面を攻撃（横矢掛り）でき、東側はさらに門の外に柵を築いて敵の動きを制限しています。南側は横矢が掛けられず苦戦しそうですが、櫓を築き、大手川を堀とすることで、弱点を補っています。後年、島原・天草一揆で、一揆勢に攻められますが、これを退け、島原城の防御力の高さを実戦で証明しています。

　松倉重政は、自然の地形も巧みに利用した縄張で島原城を築城したのです。

12

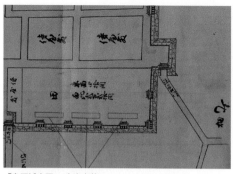
「島原城之図」(本光寺蔵)

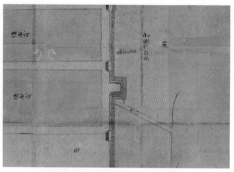
「日本古城絵図嶋原之城図」(国立国会図書館蔵)

8 島原城の搦手

　城の正面玄関である「大手」に対して裏口にあたる場所を「搦手」と呼びます。島原城の搦手は、城の北端にある「諫早門」が相当すると考えられます。諫早門よりも「北門」と呼ぶほうが一般的かもしれません。実際、周囲には、「北門先」、「北門脇」などの字名が残っています。

　松平氏入封前の絵図では、「北ノ門」と記され、入封後の絵図では「諫早門」と記されています。絵図によると、「諫早門」も大手門と同じように、外郭線の外側に飛び出した「外枡形」の縄張りで、門を東に向けています。また、諫早門周囲の石垣の高さは一間半(2.7m)と記されています。大手門と比べると低い石垣ですが、当時の島原城の北側は田が広がり、視界が広く取れ、敵が隠れる遮蔽物が少ないため、充分な防御ができたのかもしれません。

　現在、諫早門の痕跡は、町割り(町の区画)にわずかに残るだけですが、島原城本丸の「丑寅櫓」にある民具資料館に諫早門の門扉が展示されています。島原城を守りつづけた「諫早門」を観に訪れてはいかがでしょうか。

島原城民具資料館にある諫早門の門扉

島原城民具資料館

島原城内の丑寅の櫓内にある資料館。市民から寄付された明治、大正、昭和の貴重な民具が多く展示されている。天守閣などの城内の施設と共通入場券で入場できる。
(→P35)

島原城天守桁行立面復元図
（©宇土智恵）

9 古記録や絵図から浮かび上がる天守閣

　現在の島原城天守閣は、昭和39年（1964）に建設されました。

　島原城を築いたのは、元和2年（1616）に大和国五条（現奈良県五條市）から島原に入封した松倉重政です。元和4年に島原城の築城に着手し、7年の歳月をかけ、自ら理想とする城を完成させました。

　その島原城の天守については、築城当時の資料が残っておらず、正確な姿はわかりませんが、藩政時代の古記録や聞き取り調査により現在の天守閣は建設されたといいます。しかしながら、『島原半島史（林銑吉編　長崎県南高来郡教育会　昭和29年）』に掲載されている『普請方記録』の天守の柱の数の分析や、確認されていなかった江戸時代の絵図、明治時代の記録の研究により、1階と2階の平面が同じ大きさで、壁面が下見板張である新たな島原城天守復元案も、近年示されています。

　また、昭和22年の航空写真などには、現在の天守台よりも一回り大きな天守台が写っており、発掘調査でも天守台石垣と考えられる石材が確認されています。まだまだ謎も多い島原城。皆さんも、島原城の探究を始めてみませんか。

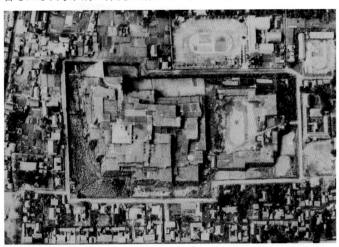

昭和22年航空写真
（国土地理院蔵）

第2章　歴史の荒波の中で

1 宣教師がみた中世の島原

　現在、島原市街地にある中央公園に「浜の城」伝承碑が建っています。これは中世に島原の領主であった嶋原氏の城があったとされることに基づいて建てられたものです。その城の周辺には町も形成されていたと考えられています。寛政4（1792）年の島原大変で崩落した眉山の土砂で埋没してしまったため、今となっては「浜の城」や町の面影を見ることはできませんが、永禄6（1563）年から慶長2（1597）年にかけて日本で布教活動を行ったイエズス会宣教師ルイス・フロイスがローマへ送るためにまとめた『日本史』という報告書には中世のころの島原が記録されています。それによると島原の町には、町内の見廻りを行う「別当」と呼ばれる役人が配置されていました。興味深いことに、フロイスは、日本語で発音されていたとおり、アルファベットで「ベットウ」とつづっています。

　天正5（1577）年に佐賀の龍造寺氏が島原半島に侵攻すると、嶋原氏は有馬氏から龍造寺氏に寝返りました。このとき、半島内の主だった領主たちも有馬氏から次々と寝返ります。このことについてもフロイスは、島原という土地は有馬氏の本拠地である有馬に次ぐ主要な土地であり、嶋原氏の寝返りは他の領主たちの寝返りを誘発することになったとも記録しています。

　日本から遠く離れたローマへの報告の中に島原のことが記されていることは、大航海時代の国際的な交流が島原でもあったことを示し、非常に感慨深いものがあります。

世界と繋がっていた島原半島

島原半島は中世から海洋交易の拠点として重要視されていました。対岸の肥後には高瀬や丹倍津など日宋貿易の拠点港があり、島原も寄港地として繁栄していたと考えられます。イエズス会宣教師のフロイスやアルメイダは島原の港が良港であることを記しています。島原城が現在の地に築城された背景には、こうした海路の存在が影響していると考えられます。

「島原城内外古図」部分（肥前島原松平文庫所蔵）

「肥前国高来郡嶋原城図」部分（佐賀県立図書館蔵）

2 有馬・島津VS龍造寺、「沖田畷の合戦」

龍造寺隆信像（佐賀県立博物館蔵）

沖田畷の合戦は、天正12 (1584) 年、九州制覇を目指していた佐賀の戦国大名・龍造寺隆信が大軍を率いて島原半島に攻め寄せた戦いです。

龍造寺方に付いた島原半島の豪族（現雲仙市国見町の神代氏など）もあり、当時の領主であった日野江城（現南島原市北有馬町）主の有馬晴信は劣勢となりました。そのため、鹿児島の島津氏に援軍を頼み迎え撃ちます。

3月24日、本陣を森岳（今の島原城がある丘）に置き、海岸から丸尾砦（現本光寺の裏山と伝えられています）にまで布陣した有馬・島津方に対し、龍造寺勢は海沿い、山の手、中央の三方から攻撃を開始しました。激戦の中、大将の龍造寺隆信が首を討たれ、合戦は有馬・島津連合軍の勝利となり、有馬晴信は領地の防衛に成功します。

討死した龍造寺隆信を祀った神社が北門町にある二本木神社です。社殿の前にある石灯籠は昭和4年に佐賀藩主の子孫である鍋島氏と、龍造寺隆信を打ち取った薩摩方の武将・川上左京（忠智）の子孫が奉納したものです。また、神社から北へ約150m行ったところに供養塔があり、大将隆信と、その部下（約3,000人）の慰霊の場所となっています。この他にも、島原半島各地に隆信の供養塔が点在しており、沖田畷の戦いが島原半島にもたらした影響は時代を超え語り継がれてきたことを物語っています。

これらひっそりとたたずむ石塔には、九州制覇の夢を散らした一代の英傑の悲哀が感じられます。

龍造寺隆信を祀っている
二本木神社

寺中城跡　寺中城は「龍造寺軍の前線拠点として使用され、沖田畷の戦いの直前に隆信が3日間逗留したと伝えられ「三日城」とも呼ばれていたそうです。

3 松倉重政の入封

　天正8（1580）年に受洗（洗礼を受けてキリスト教徒となること）した有馬晴信は、熱心なキリシタンとなり、領内にキリシタン文化を繁栄させます。

　徳川幕府からも所領を安堵され、江戸時代初期においては日野江藩主として島原半島を治めました。南蛮貿易を主軸とした藩政を行いますが、幕府が主体的に貿易を行うようになると、次第に藩財政が逼迫し、ポルトガルとの騒擾事件をきっかけとする「岡本大八事件」により、慶長17（1612）年に藩主・有馬晴信は甲斐国（現山梨県）に配流され死罪を命じられました。この事件をきっかけに徳川幕府は同年直轄地に禁教令を出して大名に棄教を迫り、慶長18（1613）年には全国に禁教令を拡大しました。晴信の嫡男・直純は事件に直接関与していなかったことと、家康の養女である国姫を正室としていたため、家督と所領の安堵が認められました。自らもキリシタンであった直純は、禁教令に従い棄教し、領内のキリシタンの取締りを行いますが、慶長19（1614）年7月に日向国県（現宮崎県延岡市）に転封となりました。その後、島原半島は佐賀藩・鍋島藩・平戸藩・大村藩の委任統治領となり、島原は鍋島氏の統治下に入りました。この頃は、幕府から山口直友が上使（幕府からの使者）として来島し、領民にキリシタンからの改宗を迫り、改宗しない者には厳しい弾圧が行われました。

　このような情勢の中、元和2（1616）年6月、松倉重政が島原半島へ入封します。重政は当初、日野江城で藩政を行いますが、中世以来の領主であった有馬氏の政治を一新するため、また、地理的条件から2年後、島原に新しい城と城下町を建設します。

4 島原城を築き、城下町を造った松倉重政

松倉重政廟所 小山

松倉重政は当初、島原城の西方に位置する小山に埋葬されたことが様々な絵図からわかります。雲仙岳の火山活動の影響で島原には小山のような丘陵が点在しています。こうした丘陵を利用して造営されたと考えられます。江戸時代に作成された絵図をみてみると島原城の西側「小山」（あるいは「御山」）に「松倉豊後守廟所」と記されています。現在は城下の江東寺に祀られていますが、元々は小山に廟所が創建されていたと考えられます。

松倉重政は、島原城を築き、城下町・島原の基礎を築いた藩主です。もともと大和国（現奈良県）の戦国大名・筒井氏の家老の家柄でしたが、筒井家が取り潰されたことにより浪人に。慶長5（1600）年の関ヶ原の戦いでは東軍に属して戦い、武功をあげました。その後、慶長13（1608）年に徳川幕府から大和五條二見（現奈良県五條市）に1万石余りを与えられ大名となり、大坂の陣でも徳川方について活躍、元和2（1616）年に4万石余りに加増され、島原への国替となりました。

島原半島に来た当初は前領主・有馬氏の本拠であった日野江城（現南島原市北有馬町）に入城しましたが、思案の末、島原に城を築くことを決め、元和4（1618）年から築城。壮大な城郭を築く一方で領民には過大な負担を強いることにもなりました。また、幕府の命によりキリシタンへの弾圧も行いました。こうした内政面での苛烈さが後年勃発する島原・天草一揆の一因であるとも考えられています。重政への厳しい評価がある一方、戦国の世に家老から一国一城の主への出世し、島原や大和国五條のまちづくりを行うなど、多くの功績も残しています。

なぜ2つ？重政の墓

松倉重政の墓は寛政4（1972）年の島原大変で流失してしまいました。現在の墓碑は文化11（1814）年に江東寺住持の説外實言が再建したものですが、後年、島原大変の復旧作業中に流失した墓碑が発見され、再建された墓碑の隣に据えられています。

寛永7（1630）年、重政は小浜温泉で亡くなりました。墓所は、各種絵図から小山（現小山町）に築かれていたようです。その後、菩提寺である江東寺に移設。中堀町の江東寺本堂には、松倉重政の姿を表した木像が大切に保管されています。

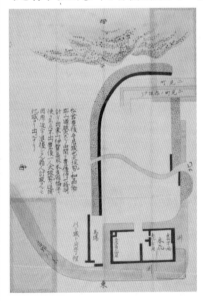

島原に来る前の松倉重政が収めていた大和五條の『二見城図』（『諸国古城之図』所収、広島市立図書館　浅野文庫所蔵）

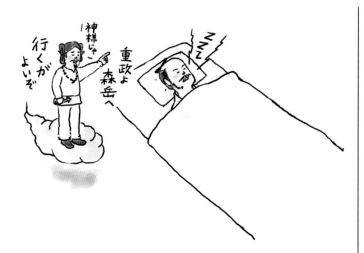

「島原大変」の被災状況

眉山の大崩落と有明海からの大津波により甚大な被害をもたらした「島原大変」。山間部に位置する安徳村や中木場村は眉山からの土砂で埋没。島原城下の港町（「水頭」）周辺は津波による被害を受けました。眉山の麓には「崩山」という地名があり、「島原大変」を今に伝えています。

5 夢のお告げで決めた森岳

　元和2（1616）年に大和国五條（現奈良県五條市）から移ってきた松倉重政は、島原に新しく城を築こうと今村を見分していました。その夜、重政は「今村より北に森岳という山がある。そこは将来繁栄する城地である」と夢で告げられます。そのお告げに従い、重政は森岳に城を築いたとか——これは『島原大変記』（肥前島原松平文庫所蔵）の中で古老の言い伝えとして記されたエピソードです。このお告げを「仏神の御告」と称し、仏神の加護によって災害から島原城が救われたと『島原大変記』では尊ばれています。実際、寛政4（1792）年の島原大変では、城下で壊滅的な被害を受けた所もあった中で、島原城は大きな被害を受けずに済みました。

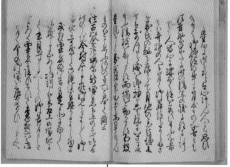

『島原大変記』下巻
（肥前島原松平文庫所蔵）

「島原大変」で埋没した「今村」

島原城下南側に「今村」という集落がありました。松倉重政が宣教師ナバロを火刑に処した場所ですが、「島原大変」では甚大な被害を受けました。復興の中で、「殿様道路」沿線に刑場が設けられました。島原藩医市川泰朴の「腑分け」が行われるなど島原藩の歴史に深く関わる場所と言えます。

　今村は古絵図に「今村名」として江東寺の南側に描かれていますが、島原大変によって埋没します。ちなみに、今村刑場は名前を引き継いで大変後に場所を移して新設されており、その跡地が「今村刑場跡」として今に伝わっています。重政の夢のお告げの真偽は今となっては知るすべもありませんが、江戸時代後期にこうした伝承があったことは確かです。

　今村と森岳。島原大変における被災状況はあまりにも対照的でした。結果的に重政の判断が、お城を守ったと言えるのではないでしょうか。

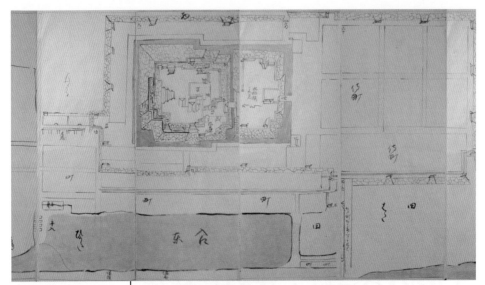

「幕府隠密復命書」
（長崎歴史文化博物館蔵）

6 『探索書』に遺された、
築城間もない島原城の姿

　築城時の島原城について記した貴重な史料が『幕府隠密復命書』（『筑前筑後肥前肥後探索書』・長崎歴史文化博物館所蔵）と『隣国様子聞合帳』（神戸大学文学部日本史研究室所蔵）の2点です。いずれも、部外者が九州各地の城郭を内密に調査・記録・報告させたもので「探索書」と言われています。その中には島原城も含まれており、内容が寛永年間（島原・天草一揆以前）と推定されることから、築城から間もない頃に書かれたものだと考えられます。

　『幕府隠密復命書』には簡略な絵図が描かれており、探索段階において、すでにいくつもの櫓が築かれていることや、三ノ丸には「侍町」と表記されるなど様々な情報が図示されています。また、本文の記述の中には石垣の高さや堀の幅を間数で記すなど具体的な情報を与えてくれます。『隣国様子聞合帳』は豊後国岡藩（現大分県竹田市）の藩主であった中川家に伝来した史料です。この中には本丸と二ノ丸の間に高々と石垣が見えることや、二ノ丸にある「百疋馬屋」に馬を繋いでいた様子などが簡潔に記されています。これらの史料には本丸と二ノ丸の間に「ろうかはし」や「ごくらくノはし」が架けられていることも記録されています。

　いずれの史料も『森岳城跡石垣調査報告書』（島原市教育委員会2016）に翻刻されていますので、ぜひご覧ください。

7 「島原・天草一揆」と島原城

　いわゆる「島原の乱」の呼称については以前から種々の議論がありました。この一件の主要な舞台として天草は重視すべきということや、乱＝秩序を乱す事件、という支配者側の一方的な見方を見直そうということで、近年では「島原・天草一揆」という名称が一般的です。

　寛永14（1637）年10月25日、有馬の農民などが代官の林兵左衛門を殺害し蜂起します。当時の藩主・松倉勝家は江戸への参勤のため不在で、城番の家老達の指揮で蜂起に対処し、深江村（現南島原市深江町）で一戦を交えたりもしますが、蜂起の勢いは島原城まで及びます。城には兵だけではなく、城下の町人や安徳村（あんとくむら）の農民らが子どもを抱えて避難しています。一方では火付けの疑いのある者や、桜門脇の塀裏から逃げて敵方へ逃亡するなど、島原城を守る方からすれば裏切り行為を働く者もみられました。城下の町家や寺社（江東寺や桜井寺（こうとうじ や さくらいじ））、鉄砲町は焼き払われますが、大手門や桜門が防衛線となって、落城することはありませんでした。

　ちなみに勝家が江戸より戻ってくるのは11月29日のこと。以上は『別当杢左衛門覚書』（もくざえもん）（肥前島原松平文庫所蔵）という史料に記された様子です。全国に数多くある城郭の中で、実戦経験を有し、なおかつ落城しなかった城郭は島原城だけではないでしょうか。一揆勢に立ちはだかった堅牢な城郭。これは島原城が持つ多様な魅力の一つです。「島原・天草一揆」といえば、原城が注目されますが、この大事件に際して、島原城や城下町で何が起こったのかを様々な史料を検証し明らかとしていくことで、島原城の新たな魅力の発見につながっていくと思われます。

『別当杢左衛門覚書』
（肥前島原松平文庫所蔵）

2018年ユネスコ世界遺産「長崎と天草地方の潜伏キリシタン関連遺産」の構成資産の一つでもある原城跡。発掘調査では多くのキリスト教関連遺物が出土しています

8 藩主改易！その時島原城は…

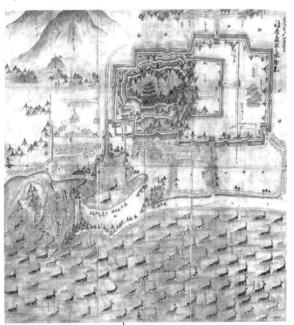

「寛文8年島原森岳城絵図」
（東京大学史料編纂所所蔵.
島津家文書70-58-2-1）

　寛文8（1668）年2月、島原藩主・高力隆長が改易となりました。改易の理由は諸説ありますが、藩政に混乱をきたしたことは間違いないようです。改易に際し、中津藩主・小笠原長勝（本丸）と平戸藩主・松浦鎮信（二ノ丸）の2人が島原城の受取を命じられ、一定量の騎馬や武具の動員（軍役）が言い渡されます。

　平戸に伝わっている資料によると、3月に恒例となっている長崎行きを急遽中止し、幕府や城受取を担当する各大名との連絡を取りました。4月、平戸を出陣した平戸藩の軍勢は、1日の行程を経て島原入りし、島原城を受け取ります。平戸藩の持ち場であった田町門口では、鉄砲や弓矢を準備して厳戒態勢で城の受取に臨んでいます。実際、平戸藩としては命じられた軍役だけでは不安で、密かに先発隊を島原に送るなど、兵力増強のための隠蔽工作が行われていたようです。島原・天草一揆以降、戦乱がなくなって久しい中、平戸藩が戦時同様の想定をしながら貴重な武家としての面目躍如の機会ととらえ、出陣を志願する平戸藩士も多かったようです。当時の緊迫した状況が分かる資料として東京大学史料編纂所が所蔵する『寛文八年嶋原森嶽之城絵図』があります。この絵図の島原城沖合に描かれた無数の船は、島原城受取を命じられた各大名家の軍船であることがわかります。改易された大名の家臣たちが城の明け渡しを拒否し、城に立て籠る可能性もあることから、厳重な警戒態勢の元で受取が行われていたことを示す興味深い絵図資料です。

　5月、在番担当の臼杵藩・稲葉家家臣に島原城を引き渡し、平戸藩の軍勢は帰途へつきます。次の島原藩主として松平忠房が島原城入りする翌年9月まで、臼杵藩が島原城の留守を預かりました。

9 臼杵の殿様がお留守番

　寛文 8（1667）年 5 月21日、島原城は在番を命じられた
豊後国臼杵藩主・稲葉信通に引き継がれました。後年に
編纂された『稲葉家譜』は、歴代臼杵藩主の事績が記録
されたもので、信通が島原城の留守番をしていた頃の様
子を垣間見ることができます。

　5 月 7 日に臼杵藩を出発した信通は、12日に深江村に
入り、その庄屋宅が島原城に入城するまでの本陣となりま
した。入城の際には1,600人余りの家臣を率いています。
留守の間についての記述は決して多くはありませんが、島
原城の修復を行ったこと、原城を視察したこと、温泉山
（雲仙）に登り、絵師に山境を描かせ温泉山の一乗院に送ったこ
となど、これまで島原ではあまり知られていなかったことが記さ
れています。

　12月に日向国飫肥藩主・伊東祐実と交代し、信通の島原城
在番の任務は解かれました。

　臼杵市では稲葉家文書の調査により、信通が在番していた
際に作成されたと考えられる島原城の絵図や島原半島の絵図
が確認されています。藩主不在の島原城の姿について、島原以
外の場所で発見された資料が語りだしています。

『三ノ丸仕様帳』
（臼杵市教育委員会蔵）

『御修復仕様帳』
（臼杵市教育委員会蔵）

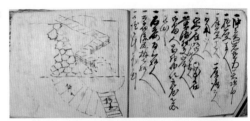

『石垣御修復控』
（肥前島原松平文庫所蔵）

10 『石垣御修復控』—島原城石垣修復の記録—

いしがき ご しゅうふくひかえ

平成24年6月、九州・山口地方を襲った大雨により、島原城本丸西側の石垣が崩れました。この石垣の復旧にあたっては、単に石垣を積みなおすだけではなく、江戸時代の石積みの技術や旧状を解明するために発掘調査を行うなど、価値ある文化財（崩落当時は未指定）として修復を行いました。毎年、どこかで大雨被害が発生する現在において、全国の城郭石垣の崩落が懸念されています。しかし、江戸時代にも石垣が度々崩落し、それに伴う復旧工事が行われてきたことは、残された数々の資料からも確認することができます。

弘化5（嘉永元・1848）年の復旧工事について記された『石垣御修復控』（肥前島原松平文庫所蔵）には工事の経過が日記体で事細かに記され、修復の工程や動員のことなどを解明する重要な手がかりとなります。この工事には、普請方や賄方といった藩士、棟梁以下様々な階層の石工、賃雇の作業員、さらには島原半島中の村ごとに交代で（多い村では百人規模の農民が手伝い方として参加）従事していました。また、遠方の村から来た者を受け入れるための仮設住宅も、現在の市役所あたりに設けられています。工費や人件費が決して潤沢ではない中で、重要になったのがお酒でした。毎日のように振る舞われたお酒が、作業に従事する多くの人たちの労をねぎらいました。また、その様子を見て、酒を献上する者も現れました。

数百年の時を経て私たちの目の前にある石垣は、これまで多くの人々の手で何度も何度も修復されたおかげで残っています。全国に誇れる島原城の石垣。その保存は大きな問題です。

城の石垣を修復するのは大変！

石垣は大規模な土木構造物。近年、多発する大雨や地震などは石垣にとって最大の敵と言えます。江戸時代も崩れては積みなおすことを繰り返してきました。積みなおす際には幕府からの許可を得る必要がありました。藩は周到な根回しを行い、必要書類を用意しますが、幕府上層部から再提出を求められることも。石垣の保全の大変さは今も昔も変わりません。

南天島（右）の石材（左）

11 二つの藩士屋敷図

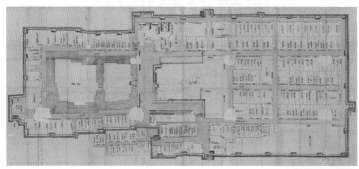

左：『藩士屋敷図』（本光寺）
下：『島原藩士屋敷図』
　　（肥前島原松平文庫所蔵）

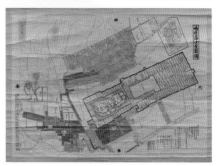

　島原には現在2系統の『藩士屋敷図』が伝来しています。これによって、藩士たちの屋敷が当時どこにあったのかを知ることができます。

　一つは本光寺所蔵（肥前島原松平文庫にも後年の写本が伝わる）のもので、享保以前の城内の様子を描いたものです。もう一つは肥前島原松平文庫が所蔵する幕末ごろの調査を元に描かれたもので、城内と鉄砲町の様子がわかります。

　寛文9（1669）年、松平忠房が最初に島原入りして間もなく、藩士たちにくじを取らせて邸宅を分け与えたことが『深溝世紀』に記されています。今の感覚と違い、屋敷地は個人が所有するものではなく、原則、藩士一個人に対して拝領されたもので、藩士たちからすると、拝借しているという感覚だったと思われます。そのため、藩士の住まいは想像以上に流動的なものでした。間に戸田氏が統治した時期があったとはいえ、二つの藩士屋敷図を見比べてみても、ほとんどの藩士の住まいが前後で異なっています。また、本光寺が所蔵する屋敷図を見ると、「仕立師」といった職人の住まいや、「鉄炮矢場」、「薪長屋」、「牢屋」といった邸宅と異なるところ、「明屋敷」といった居住者がいない屋敷地などが記されており、『藩士屋敷図』という名前からは想像できない発見もあります。

　今は見ることができない、地域の様々な姿を、これらの屋敷図は教えてくれます。

12 島原城のお正月

　島原藩の政務を記録した『藩日記』をのぞいてみると、藩主を
はじめ、当時の島原藩の人々がどのような生活を営んでいたのか
を知ることができます。

　初代松平島原藩主・松平忠房が島原に入って間もない寛文年
間（1670）のお正月について見てみると、元旦の忠房は寅の前刻
（午前4時頃）に起床し、以後、数日にわたって様々な人々から「御
礼（年始の挨拶）」を受けます。

　番人・町人や庄屋・乙名（村役人）なども「御礼」に参上し、料
理や雑煮、酒肴が振る舞われています。九州の諸藩などからの
「御祝儀（今でいう年賀状）」が飛脚によって届けられます。

　正月の恒例行事の一つ、「御謡初」も行われました。ただし、
寛文13（1673）年の場合は、徳川家光の弟である保科正之（陸奥
国会津藩主）が前月に亡くなり、音曲停止（すべての鳴物の停止を命じ
て静粛に弔意を表しめること）が幕府から発令されていたため、正月10
日に日延べして行われました。

　この時のお囃子の演目が「老松・東北・高砂」だったことも
記録されています。また、この年は忠房が初夢で富士山を見た
ようで、それを披露するために内々で「御謡初」が行われていた
ようです。料理の振る舞いや夢の披露で初春の幸せを分かち合
う。『藩日記』からは、今の私たちの生活とも重なりあう日々の出
来事が記録されています。

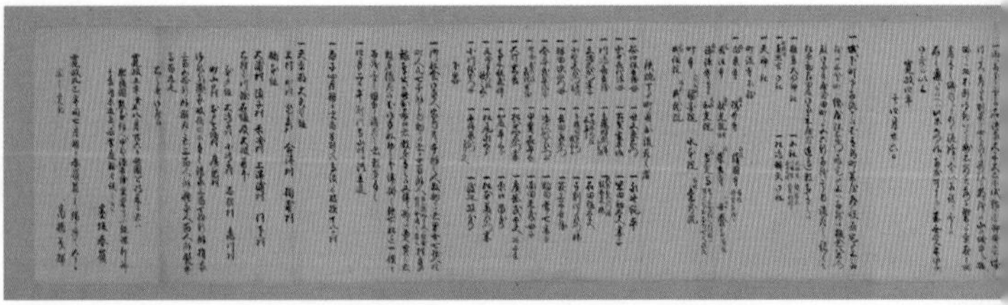

13 島原大変と島原城

〇瓦の落下　7ヶ所　〇石垣崩落　5ヶ所（鐘撞所・土手留を含む）　〇塀の決潰　7ヶ所　〇米蔵破損　2棟　〇外郭平櫓破損　9ヶ所——　これは、寛政4 (1792) 年のいわゆる「島原大変」における島原城の施設に関わる被災状況です。現存する資料が被災箇所を網羅しているとすれば、1万人近くの死者数を記録している災害の中にあって、比較的軽微な被災状況と言えるのではないでしょうか。城内の侍屋敷でも68カ所で塀が潰れているものの、主屋の被害は記録されていません。

また、『島原大変大地図』(肥前島原松平文庫所蔵) には鉄砲町から城内を貫通する3カ所の地割れが記されています。この地割れが原因で、島原城の西側の堀石垣が崩落したと考えられ、後年の修復痕を今でも見ることができます。また、島原城の石垣を丹念に観察していくと、通常の劣化状況と異なる破砕や亀裂を有する石材があることに気が付きます。これらの石垣はもしかすると、島原大変の際の地震の有り様を今に伝えるものかもしれません。

平成28 (2016) 年に発災した熊本地震における熊本城の被災状況を覚えている方も多いでしょう。災害が多発する現代において、「城郭石垣と災害」は非常に重要な、全国的な課題となっています。江戸時代に大規模な災害に見舞われながらも、被災箇所を修復し、幕末まで藩政の中心として存在し続けた点は、島原城の堅牢さを物語っています。

堅固な島原城内は、島原大変において避難先に設定されていました。3月1日の大地震の直後、普賢岳の噴火に備え、溶岩流の到達地点に応じた段階別の警戒避難指令が島原藩から出されました。指令の中では、溶岩流が鉄砲町に到達するような時は城内の空き家に移るようにと指示しています。4月1日に城下が高波に見舞われるものの、噴火被害はありませんでした。

藩主・忠恕は、堅固な城郭である島原城の主でありながら、守山村 (現雲仙市吾妻町) への避難を選択し、同地で死去。死の真相は諸説ありますが、島原大変という未曽有の災害を前に心痛が嵩んだのでしょうか。

領民の力を結集した「寸志石垣」

震災で崩落した石垣を復旧するのは藩としても大変な事業でした。なかなか修復できないこともあったようです。文化元年には、こうした状況を見かねた領内の庄屋が結束して修復しました。この石垣は「寸志石垣」として藩主からも称賛されたことが「藩日記」に記されています。

肥前国島原大変図説

27

14 藩校　稽古館と済衆館

済衆館の扁額

島原高校東の先魁町の市道沿いに藩校・稽古館跡があります。

寛政5（1793）年9月、島原藩は藩の学校である「稽古館」をつくりました。その前年には島原大変が起きており、藩を挙げて復興に取り組んでいる中のことで、藩主・忠馮の見識の高さが推察されます。稽古館は当初、住宅を改造したものでしたが、天保5（1834）年に敷地560坪、建坪47坪に拡張され、さらに多くの人が学べるようになりました。講義は毎月、「4」と「9」が付く日の6回開かれたといいます。講義を受ける対象者は、武士の男子で8歳以上の者とされ、勤務の余暇時間の聴講も許されていました。学科は兵学・史学・文学など9科目あり、医学部門は後に独立して済衆館（城内二丁目）となりました。

藩士子弟の学問向上に貢献した藩校・稽古館は明治維新後、本光寺（柏野町）に移転しました。その後、私塾・明親義塾となり、明治11（1878）年に廃校となりました。

稽古館が武士の子弟を対象とした一方で、島原半島各地には多くの私塾がありました。上新丁に丸山作楽が開いた神習舎や三会村庄屋が開いた明善舎などです。これらの私塾には女子も含まれていたようで、男女を問わない教育の普及が行われていたことがわかります。

藩校と私塾。この双方が島原半島の学力向上に果たした役割は大きいものと言えるでしょう。

写真上：稽古館跡
右：島原城まわりにある句のプレート
（「「しまばらふるさといろはかるた」より」）

御馬見所。幕末に建造された貴重な数寄屋造りで、国の有形文化財に指定。

15 西洋流の調練所「御馬見所」

御馬見所は、文久3（1863）年頃に、三ノ丸（現在の島原高校付近）の藩主御殿裏手に設けられた調練場に建てられたと考えられます。当時、島原藩においては西洋流の調練を導入しようとしていた頃であり、このような調練場が必要となったのでしょう。

御馬見所は藩主・忠和が兵士たちの調練状況を視察するための施設として建てられました。

『嶋原聞見閑録』には当時の調練場づくりの様子が記されており、造成工事には藩主自らが参加したため、家老以下の藩士たちも鍬や鋤を持って作業に従事せざるをえなかったようです。

御馬見所は現在、島原城天守閣の傍にありますが、もともとは三ノ丸にありました。明治維新後に口之津町に移築され、茶室として利用されていたようですが、昭和41年に再び城内に移築されました。

御馬見所は木造平屋建で、屋根は切妻造の杉皮葺。中央の畳廊下を挟んで、四畳半の二室が左右に並んでいます。前面（西面）と左右両側の三方を開口部として障子を立てています。全般に細い木を骨組みに用いた数寄屋風の建物です。平成24年には国の登録有形文化財に登録されました。御馬見所は、島原城に関連する建造物としても非常に希少なものと言えます。

お城の中でフランス流⁉

島原藩では明治2年に調練方が設けられ、西洋流の軍事調練が行われるようになりました。西洋の軍服を着用し、鉄砲を担げ、太鼓やドラを鳴らして歩調を合わせる行軍方法であったとされています。当初はフランス流であったとされています。

16 丸山作楽と神習処

丸山作楽肖像写真（国立国会
図書館蔵）

さくらの会の様子

神習処跡

　上新丁にある神習処跡は、幕末から明治時代に活躍した島原藩出身の丸山作楽（1840～1899年）が開いた私塾跡です。作楽は島原藩士丸山正道の長男として江戸で生まれ、国学を平田銕胤（国学の大成者の一人である平田篤胤の養子）から学び、尊王攘夷思想の影響を強く受けました。文久3（1863）年に島原永住が命じられ、上新丁に神習処（神習舎）を開き、土井豊築をはじめとした藩士たちに尊王思想を広める一方、他国の勤皇志士たちと連絡を取り合い、攘夷・倒幕活動に参加しています。

　当時の島原藩は、将軍徳川慶喜の弟である忠和が藩主を務める譜代藩。作楽たちは一時期牢獄に入れられますが、明治維新後の明治2（1869）年に外務省の高官である外務大丞となりました。作楽たちは、当時国境が確定していなかったロシアとの交渉を行いました。

　帰国後、征韓論に同調したため、投獄されますが、明治13（1880）年に出獄し、自由民権論に対抗する『明治日報』を発刊しました。明治15（1882）年には東京日日新聞（現毎日新聞）社長の福地源一郎らと立憲帝政党を組織しました。

神習処跡に建つ石碑

　明治19（1886）年には宮内省の図書助に就任し、憲法と皇室典範の制定に参画し、明治23（1890）年には元老院議官を経て貴族院議員に勅選されました。

　勤皇の志士として幕末の動乱を生き抜き、明治新政府では数々の役職を歴任した丸山作楽。彼が教えた神習処跡には、記念碑と桜の木が植えられ、毎年4月3日には遺徳をしのぶ「さくら会」が行われています。

17 明治維新を迎えた島原城

建物が無くなった島原城

　明治2（1869）年、島原藩主松平忠和は、これまで治めてきた土地（版）と人民（籍）を朝廷に返上し（版籍奉還）、島原藩知事に任命されます。

　「明治維新」の名前の通り、この時期に様々な改革が推し進められていく中で、藩主の公私ははっきりと区別されていきます。政務はこれまでどおり三ノ丸御殿で行われますが、従来の三ノ丸御殿は藩主の住居を兼ねていました。ところがこの時、御殿の後庭の一角に館舎が建てられ、12月には忠和はそこへ移り住みます。その館舎は「甲第」と名付けられ、政庁とは明確な境界によって分けられました。明治4（1871）年7月、忠和は藩知事の職を解かれ、藩が廃されて県が置かれました（廃藩置県）。職を解かれた忠和とその家族は、翌月以降に東京へ。

　廃藩置県によって、旧島原藩領にはそのまま島原県が置かれましたが、11月には島原半島の領域が長崎県に編入されました。三ノ丸御殿は島原県の庁舎となりましたが、島原県がなくなった後は利用されず明治6（1872）年に85円で払い下げられました。史料によれば島原県庁舎は「年数を経た古家のため腐れ朽ち、それでいて大きな建物のため、崩れそうにも手数が掛かり容易ではない」と記されています。三ノ丸御殿ほか、天守や櫓も同様の状態であったと考えられます。

　廃藩置県の年（明治4年）には大手門が解体され、明治9（1876）年頃までには、ほとんどの建物が払い下げられたと考えられています。

城郭の普請を断念する決断

当時、明治新政府に対して、城郭の修復をやめたい旨の伺いを出す藩が出てきます。理由としては、①今の城郭は古い考えに基づいてつくられたものであり、近代的な戦争では役にたたない。②修復には莫大な費用がかかる。この費用を近代的な武器購入に充てた方が合理的である。といったものでした。島原藩でも明治3（1869）年に同様の伺いを新政府に提出した形跡が確認できますが、新政府からの指示については資料がなくわかりません。ともかくも、島原藩では明治3年に外曲輪の塀や櫓の普請をやめたことが『嶋原見聞閑録』に記されています。

"鉄狂斎" 植木元太郎

（島原鉄道提供）

植木元太郎は多比良村の出身で、明治35年から衆院議員を2期務めました。この間、島原半島に鉄道敷設に全力を注ぎ、自ら「鉄狂斎」と号しました。大正3年、島原鉄道株式会社の代表取締役社長に就任し島原半島の活性化に尽力しました。昭和15年、初代島原市長となりました。

"杜城" と号した林銑吉

林銑吉は島原第一小学校の校長を勤めたのち、現在も島原史研究の基礎資料となっている『島原半嶋史』全3巻を刊行しました。林は「将来いやが上にも、お国自慢の材料を多くつくり出して、大いに之を他郷他国に誇らうではないか」と郷土愛醸成のために多分野にわたって尽力したほか、林は戦没者遺族会の会長もつとめており、西の櫓は戦没者慰霊堂として建設されました。

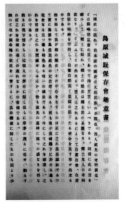

写真左：『島原城趾保存会趣意書』（県図植木資料）
上：島原時報（大正2年12月16日付）部分

18 島原城跡保存運動

　明治に入り、島原城の土地は民間に払い下げられます。本丸だけをみても複数の地権者がいて、宅地や畑地として様々に利用されていました。

　大正2（1913）年の終わりごろの新聞に、島原城跡の保存についての記事が登場します。島原城の史跡保存の動きが、今ある資料からうかがえる最も古い事例です。その動きをリードしていたのは、当時の南高来郡長であった小野七五三蔵でした。小野は今の大分県にある旧島原藩領の出身で、先祖は宇都宮から移住し、祖父の代まで島原藩から禄を受けていた人物でした。郡長となって以来、目に留まっていた城跡が廃墟に映っていたことを憂い、城跡を買い上げて保存したいと考えるようになり、公費による城跡の買い上げ交渉に着手しました。ところが、買い上げ後の利用についての案を記事から拾い上げると、公園（記事には「公共の遊園地」とある）のほか、果樹園や種苗園、あるいは藩祖を祀る神社を建て、南堀端に鳥居を作り、橋を架けるという案までありました。小野の目論見は、買い上げ金額に折り合いがつかなかったことで立ち消えとなりましたが、地域にとって重要なものが何なのかといった問題を、現代にもなお問いかけているような出来事です。

　島原城の保存運動はその後、植木元太郎（島原鉄道創業者・島原市初代市長）らが引き継ぎましたが、戦時体制となる中で再び立ち消えとなりました。戦後、林銑吉たちの手で実を結びました。

　廃城後、紆余曲折を経た島原城跡ですが、100年先も200年先も私たちの郷土の誇りであり続けられるよう、これから先の島原城をみなさんと考えていく、そんな築城400年の節目としたいものです。

19 島原城跡からの眺望

写真左：本丸からの眺望（大正2年頃）
下：現在の天守閣からの素晴らしい眺望

森岳城趾に登攀
風光を賞する佛國大使
探勝後直ちに温泉登山

温泉の風光に憧れし佛國大使ポール・クローデル氏は二大町に於て二十八日午后十一日午後二時頃會の事と三井物産相談役中村彼次郎氏その他關係より南風楼前に上陸し大使は商務官一名と共に同氏指揮の豫定に向ふ積秋の折から一人の興ある一つい低廻詣しつつ此の興ある一つい低廻し続ぶるは殆んど忘我の程大態をなす一同談笑せられ上陸して三池諏訪丸にて三池物産の汽船諏訪丸引出したらし乗船翌朝出發ともよりかて南島原松町に向ひ予定の如く南島原に向ひの興あり引き出し二十一日港を出で三池に歸て二十八日午后一時半に着船その他一日午后二時半に着船その由を京の途に登られ昨二十二日歸京

天守閣展望台からは東側に有明海が一望でき、対岸の熊本を望むことができます。南西側には眉山が高々とそびえています。北側には雲仙岳から有明海へ続く扇状地地形が広がっています。島原市内における最高所であるため、強風の日は息をすることも難しいほどです。

　大正から昭和初期までの新聞を見ると、各界の要人が島原城跡を訪れたという記事をいくつか拾い上げることができます。

　大正13（1924）年7月9日、佐世保鎮守府長官・伏見宮博恭が島原を視察しました。その際、島原城跡本丸に登り、街の様子を眺めながら島原・天草一揆や島原の地誌などについての説明を受けました。サイダーを飲みながら、「熊本はどの方角だ」、「ああ、あの山の向こうか」と言ったことまでが記されています。同じ年の11月21日にはフランス大使ポール・クローデルは、温泉（雲仙）を目指して、三池（現福岡県大牟田市）から三井物産の汽船・諏訪丸で南風楼前に上陸しました。南風楼で小休止する予定を変更して向かったのが島原城跡です。同行した商務官及び通訳とともに、晩秋の島原の眺望にしばしば見入っていたということです。軍事参事官で前陸軍大臣の荒木貞夫が訪れた昭和9（1934）年10月11日の記事には、荒木が「意味深長の感慨を漏らし」とあります。荒木が時を忘れて眺望に見入る様子とともに、当時の不穏な情勢が記事から垣間見えます。

　眺望は時の移ろいとともに変化してきました。多くの人々が島原城跡からの眺望を楽しんだということに思いを馳せて、城下を眺めてみると普段何気なく目にする町の姿が違ったものに見えるかもしれません。

有明海や眉山、普賢岳、そして島原市街と東西南北それぞれに趣向が違う天守閣からの眺め。

観光復興記念館

200インチのワイドスクリーンで平成の島原大変の様子が上映されます。

本丸売店

かんざらしやうどんがいただける食事処「城の茶屋」や、オリジナルなお土産が充実しています。

城内の梅林で採れた梅を使ったドロップス

島原湧水を使ったスイーツかんざらし

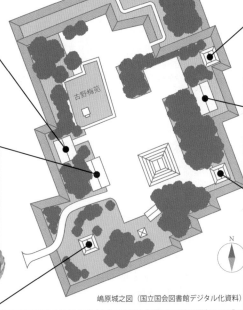

嶋原城之図（国立国会図書館デジタル化資料）

西の櫓

天守閣を背景に写真を撮るならココ

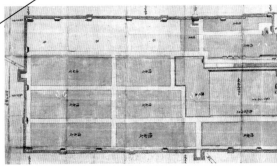

島原城探索ガイド

　島原市のシンボル的存在、島原城。400年の歴史を感じるならば、見上げるだけではなく実際に城内を散策してみるのをおすすめします。この本を片手に、本丸の展示物はもちろん、石垣や城内に今も残る遺構など、様々な歴史を重層的に学ぶことができます。特に天守閣の展望台からの眺めは圧巻で、多くの人々を魅了してきました。

民具資料館（丑寅の櫓）

明治、大正、昭和の暮らしがしのばれる民具が展示されています（→P13）

御馬見所

江戸時代から残る貴重な数寄屋造り。国の有形文化財に登録されています。（→P29）

西望記念館（巽の櫓）

平和祈念像の作者でもあり郷土出身の芸術家北村西望の作品が見られます。

天守閣

象と南蛮人

コレジオ祭壇十字架

殿様の鎧

天草四郎肖像画

内部は5階建て。キリシタン資料や本書でも紹介している貴重な郷土資料が展示され、見学しながら最上階の展望所に導かれます。

【島原城天守閣入館情報】
- 入館料（税込）
  - 大人　　　　　　　700円
  - 小・中・高校生　　300円
  - 各種割引あり
- 開館時間
  - 9:00〜17:30
  - （入館〜17:00）
  - 年中無休
- お問い合わせ
  - （株）島原観光ビューロー
  - 島原城事務所
  - TEL 0957-62-4766

「拙者どもがおもてなしいたす所存！」

島原城七万石武将隊

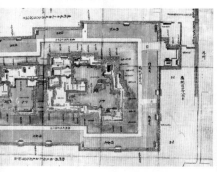

第3章　島原城下と鉄砲町

1 吉田松陰がみた島原城下

維新志士たちに大きな影響を与えたことで知られている吉田松陰。皆さんは吉田松陰が島原を訪れていたことをご存じでしょうか。

松陰が島原を訪れたのは、嘉永3(1850)年、彼が21歳の時のことです。当時、松陰は兵学の研鑽のために九州各地を巡っていました。島原では、当時の鉄砲町(江戸丁)に住む砲術師範の宮川度右衛門を訪ね、大砲に関する話を聞いています。幕末には外国船に対する備えを固める必要があったことから、島原藩でも台場(砲台)を建設しました。肥前島原松平文庫が所蔵する宮川家文書には台場構築の参考として、各地の台場を描いた図面が含まれています。宮川家が単なる砲術師範としてだけではなく、台場構築術にも精通していたことがうかがえ、松陰もこうした知識を得ようと来島したのではないでしょうか。

また、松陰が残した『西遊日記』には、当時の島原城下の様子が記されています。12月3日、島原城下を訪れた松陰は旅人であったため、城内に入ることができませんでした。地元の人であっても日が暮れると城内に入ることはできなかったとも記しています。このため、松陰は城内の邸宅がどのようなものかを見ることはできなかったものの、城外の市場や武家屋敷の多くが茅葺屋根であったと記しています。

今に残る鉄砲町の武家屋敷の風景と松陰の描写が重なるような思いがします。なお、一週間ほどの滞在の中で他にも松陰は護国寺の三十番神に詣でたり、温泉岳に登り湯に入ったりしています。武家屋敷を散策する際は、松陰の来訪に思いを馳せてみてはいかがでしょうか。

2 龍馬ゆかりの旧別当・中村家の長屋門

　「別当」とは、江戸時代、藩から島原城下町の統治を任された町年寄のことです。この別当は戦国時代からあったようで、宣教師フロイスの『日本史』の中にも町の有力者として紹介されています。

　島原の城下町は古町（堀町・桜町・古町・白土町）、新町（有馬町・万町・新町・石垣町・魚屋町）、三会町（三会町・中町・片町・宮の丁）の三つに分けられ、それぞれに別当が置かれました。

　中村家は、代々古町の別当を務めた家柄で、当主は「孫右衛門」を名乗りました。屋敷は中堀町にあり、大きな屋敷は本陣（大名などの宿泊所）としても使われました。文化9（1812）年には幕府の命で全国を測量していた伊能忠敬一行や、元治元（1864）年には長崎に向かう勝海舟と坂本龍馬など多くの客人が立ち寄りました。

　昭和49（1974）年、中村家は萩原一丁目に移転し、このとき、長屋門や庭の石組み、井戸枠なども移されました。現在、通りから眺められる長屋門は、江戸時代末期の建築とされる木造の平屋建て長屋門で、長さ10m、奥行き3mと大きく、威厳を感じさせる立派な門です。両脇には中間小屋が付属し門の両脇には白壁の塀が28mほど続いており、落ち着いた雰囲気を感じさせます。江戸時代の別当屋敷のたたずまいを残す中村家の長屋門は島原の重要な歴史的建造物の一つとして平成31年に国登録有形文化財に登録されました。

島原大変から20年後を測量した伊能忠敬

伊能忠敬は50歳のとき、幕府天文方の高橋至時に入門し西洋暦学や測量学を学びました。その後、全国各地を測量し日本で初めて正確な実測地図「大日本沿海輿地全図」を作成しました。全国測量の途中、島原を訪れ「島原大変」から20年後の島原の様子を見聞し、「島原大変」で発生した九十九島についても実測や目測しており、「島原大変」後の被災地の変化を考える上で貴重な資料を残しています。

坂本龍馬は島原から長崎へ

幕末、長崎を舞台に海援隊などを組織し、船中八策などをたて明治維新への変革に寄与した坂本龍馬。長崎には何度も赴いていますが、一番最初は島原に初上陸し、そこから長崎入りしました。海軍伝習所を任されていた勝海舟とともに、熊本から船で上陸し、島原の中村家などに滞在しました。

島原で龍馬像といえば、巨大な「サムライブルー龍馬」像。島原復興アリーナに平成22（2010）年の南アフリカワールドカップを記念して建てられたものをこの地に移設しました。

3 鉄砲町の歴史

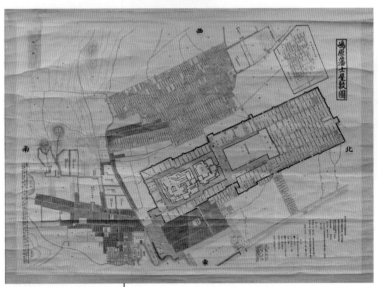

『島原藩士屋敷図』
（肥前島原松平文庫所蔵）

島原城の西側に広がる武家屋敷地は、鉄砲を扱う藩士が居住していたことから鉄砲町とも呼ばれています。下ノ丁の道路中央を流れる用水をはじめ、武家住宅が残る歴史的景観を今日に伝えています。

鉄砲町は元和4（1618）年から始まる島原城の築城とその城下町の建設に伴って成立、藩主が居住する三ノ丸よりも標高が高い場所につくられました。これは島原城が扇状地につくられたことに起因します。島原城から鉄砲町にかけては扇状地の斜面を階段状に造成しており、海（東）側の石垣は高く、山（西）側の石垣は低くなります。島原城は高石垣のおかげで東や南からの攻撃には強い一方、西側の防御は手薄という弱点があったのです。そこで、防御が手薄な西側に下級藩士たちが集住する地区をつくり簡単に城に取りつかせない工夫をしたと考えられています。島原城が地形的な制約と折り合いをつける中で、鉄砲町は誕生しました。

さて、鉄砲町は当初、下ノ丁・中ノ丁・古丁の三筋でしたが、寛文9（1669）年に松平氏が島原藩主となった後、下新丁・上新丁・新建・古丁新建が建設されました。鉄砲町の東側には、江戸丁がありますが、これは、文久3（1863）年から慶応元（1865）年にかけて、江戸詰めの藩士たちが島原へ帰任したことに伴い成立しました。肥前島原松平文庫が所蔵する『島原藩士屋敷図』には元治2（1865）年の鉄砲町の様子が描かれており、宅地の総数は699筆を数えます。

4「水の島原」を 象徴する水路

街並みと水路のコントラスト
が美しい鉄砲町（武家屋敷）
界隈（旅ネット長崎提供）

　数多くの藩士が居住していた鉄砲町の
南北街路中央には、水路がつくられてい
ました。現在も下ノ丁の通りには水路が
残っていますが、かつては江戸丁以外の
すべての通りに水路があり、飲料用として
使われていました。

　江戸時代、この水路は非常に大切に管
理・利用されており『島原藩御触類集』に
は、毎月１日・15日に水路の掃除を行うこ
と、不浄な洗い物の禁止、水路の破損個
所の修繕を各自で行うことなどの記述が
みられます。また、水奉行を介して水量と
水質の管理に努めていたようです。

　水路を流れる水は、古丁の湧水を水源
とする経路と杉谷の杉山権現熊野神社境内の湧水を水源とする
経路がありました。

　熊野神社の水源は江戸時代にも度々、湧出が止まったことが
あったようです。こうした水源の状況に藩も気をかけていたよう
で、重要な水源であったことがうかがえます。大正時代からは
徐々に湧出量が少なくなりはじめ、昭和になると各戸に井戸が掘
られるようになりました。

下ノ丁水路

　湧水あふれ
る島原の伝統的
な風景。これか
らも大切に守っ
ていきたいです
ね。

中ノ丁から西を望む

5 一つひとつ違う石垣

生垣のように見える石垣

鳥田邸の石垣

　鉄砲町の景観の需要な要素のひとつに、敷地と道路境界を区切る石垣があります。鉄砲町は雲仙岳から有明海に向かう緩やかな傾斜地にあり、敷地を造成するために当初から石垣を用いて町並みが形成されたと考えられています。

　これらの石垣は、石の切り方と積み方で分類することができます。鉄砲町では、ほとんど石材を加工しないで積んだものや、金槌で石材の角を少し整えて積んだもの、石を亀甲形（六角形）に加工して積んだものなど、様々な石が使われています。また、水平の目地が通っていない「乱積み」や水平に目地が通っている「布積み」など積み方も様々です。なかには、石垣にイタビカズラをはわせて生垣のように見えるものもあります。低い石垣の上に生垣が植えられたもの、幕末・明治以降につくるようになったと考えられる高石垣など、通りには多様な石垣が並ぶ景観が形成されています。

　同じように見えて、ひとつとして同じものはない石垣。自然と人が生み出した島原の伝統的な風景。じっくり鑑賞してみてはいかがでしょうか。

6 猿田彦大神と石祠

　鉄砲町を歩いていると随所に道祖神猿田彦大神や石祠などの石造物をみかけます。

　猿田彦大神は、日本神話にも出てくる猿田彦神が江戸時代中頃から庚申信仰と習合し、邪霊を防ぐ道祖神として信仰されるようになったものと言われています。

　鉄砲町では街区の鬼門にあたる北東もしくは裏鬼門にあたる南西の角に設けられたと伝えられ、後世の移設などで必ずしも当初からの位置を保っているとは言えませんが、その多くは街区の北東もしくは南東に残されています。

　石祠は、地神などが祀られたもので各家の守り神であると考えられます。宅地の北東もしくは南西角に設けられたものが多くあります。猿田彦大神が道路沿いの悪霊払いに用いられたのに対して、石祠は各宅地の守り神として設けられたようです。

　鉄砲町の石造物は、銘文などの彫り込みが少なく、いつの時代に設けられたものかが明らかではありません。しかしながら、住民の生活を見守り続けてきた石造物は、地区の民俗信仰を示す重要な遺産と言えます。

石祠

猿田彦大神

7 共通する特徴のある武家住宅

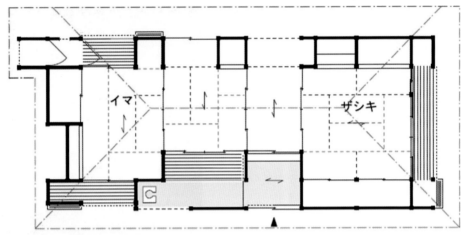

直屋の武家住宅（旧川村家）復原平面図

佐久間邸（ながさき旅ネット提供）

山本家（ながさき旅ネット提供）

　鉄砲町には、一般に公開している山本邸・篠塚邸・鳥田邸だけではなく、他にもいくつかの武家住宅が残っています。

　鉄砲町の武家住宅に共通する特徴は四つあります。一つ目は、間口の狭い宅地の北側境界に接して、主たる棟方向を東西として寄棟造茅葺屋根を頂く主屋を建てることです。二つ目は、島原城（東）側に設けた庭園に面して座敷を設けることです。三つめは、座敷に至る玄関と土間出入口を共用することです。四つ目は、居間と座敷に縁を設けることです。

　鉄砲町の武家住宅の特徴は、島原の歴史と風土が生み出した人々の営みを示すものです。

山本家外観

8 一般公開されている武家住宅「山本家」

下ノ丁北端の東側に山本家住宅はあり、武家屋敷山本邸として一般公開されています。

山本家は、家譜によれば鉄砲師範の家柄で、文化10（1813）年に現在地の向かい側に屋敷を拝領しました。そして慶應4（1868）年に新たに建て居住したのが現在の屋敷です。

山本家は、通りに面して長屋門を設け、その奥に主屋を建てています。主屋は、茅葺の棟をL字型とする鍵家です。通りに平行な棟の下に、ゲンカンをもつシンシツ・ザシキ・オクザシキを並べ、直角の棟にイマと土間をもつダイドコロをおさめています。オクザシキには板床・違棚・付書院といった座敷飾をもち、座敷境には欄間をつけて、長押を打つなど、武家屋敷らしい室内意匠となっています。柱は杉材、角釘を使っています。

長屋門は切妻造・桟瓦葺で建築年代は主屋と同時期の慶應4年と考えられています。

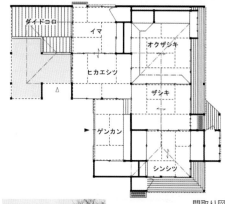

間取り図

門

ダイドコロ

9 武家住宅「旧篠塚家」

旧篠塚家の外観

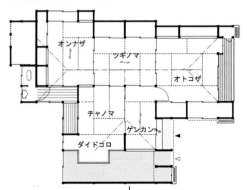

間取り図

　　下ノ丁の北端、東に門を開いて建つ「旧
篠塚家」。一般に公開されている武家住
宅の一つです。篠塚家は、郡方（地方行政
を司る部署）祐筆（書記）の家柄と伝えられ
ています。

　　19世紀前期の建築と考えられる旧篠塚
家の主屋は、棟がT字型の茅葺で、ゲン
カン・チャノマ・ダイドコロ・オトコザ・ツギ
ノマ・オンナザといった部屋があります。
柱は杉材を用い、オトコザとオンナザには
座敷飾がありますが、簡素な造りとなって
おり、やや古めかしく感じられます。敷地
の東側には庭園があり、縁を設けた座敷から眺めることができ
るようになっています。敷地の西側には、果樹が植えられていま
した。

　　敷地の東側に庭園と座敷を設けることは、旧篠塚家をはじめ
とする鉄砲町に武家住宅の特徴となっています。これは東側へ
傾斜する鉄砲町の立地特性だけではなく、東側には有明海と島
原城を望むことができるためでもあったようです。

まち歩きのランドマーク的存在？赤い唐破風の水神祠

10 気になる唐破風造の水神祠
すいじんし

武家屋敷内の休憩所の北側に、向唐破風造の水神祠があります。これは松倉重政が領内の三会村にあった水神祠を城下に移し、寛永元(1624)年に完成したものといいます。祭神は水波能売大神で、飲料水や醸造用水、灌漑用水の守護神として信仰されてきました。この水神祠で目を引くのは、正面の唐破風です。破風とは屋根

御用御清水

の妻側の三角形部分の造形のことです。そのうち、中央部が弓形で左右両端が反り返った曲線状の破風を唐破風と言います。

当初から向破風造の水神祠であったかというと、納まりが悪い部分もあるので、そうとは言えませんが、明治7(1874)年の島原城廃城時に島原城の用材で改築され、現地に移されたという伝承があることから、島原城にあった唐門（屋根に唐破風をもつ門のこと）を使って建立された可能性も考えられます。

11 島原城下町 の形成

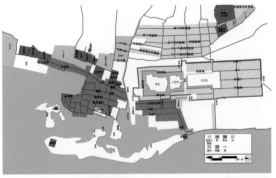

上：寛文9年ごろ
下：幕末期

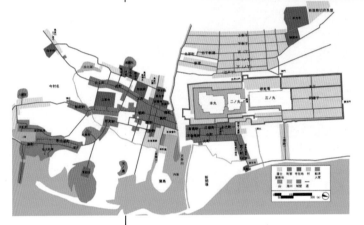

　島原の城下町は、鉄砲町を含む藩士の居住地だけではなく、島原城を中心に、町人の居住地、寺社、湊など、様々な機能も持つ空間が集まって構成されています。

　島原の城下町は、大手川を挟んで対照的な構成をみせています。現在の地図を見ても、大手川より南側は緩やかに曲折する街路、北側は整然と通された街路に沿って町が展開していることがわかります。この違いは、街の成立時期の差に起因します。大手川から南側は、中世の島原氏が本拠地として浜の城周辺に展開した町場を基盤としています。一方、大手川から北側は、松倉氏が築いた島原城の周辺に新たな移住者によって町建てが成されました。

　「島原」という地名は、平安時代末期に書かれた『宇佐宮神領大鏡』に宇佐神宮領として初めて登場します。古代から現在に至るまで私たちのふるさと島原は長い年月をかけて今の姿となりました。その町並みには、その時代その時代の人々の営み、島原の歴史が確かに刻まれています。

12 黄檗宗ゆかりの晴雲寺

　高岳山晴雲寺は、鉄砲町の北西に位置する曹洞宗寺院です。もともと加藤清正家臣の荘林隼人が伯父・晴雲真高居士の菩提を弔うため慶長6（1601）年に肥後熊本に建立した寺院で、開山は一峰玄鉄和尚です。晴雲寺が開山されて24年ばかりが経った頃、開基である荘林家が政変により没落し、寺院は困窮しましたが、縁あって島原へ移転してきました。当初は杉谷杉山寺跡に伽藍を構えましたが、松倉重政から現在の境内地を賜り、玄鉄和尚自らが山野を開墾し、晴雲寺を再興しました。本堂などが完成したのは、寛永5（1628）年のことでした。

　晴雲寺には、市指定文化財となっている「即非筆書『高岳山』及び同扁額」があります。即非如一は江戸時代に隠元隆琦に招かれて明から渡来した黄檗宗の僧侶で、隠元隆琦や木庵性瑫と並んで黄檗三筆と称される能筆家（書が上手な人）です。

　江戸時代、黄檗宗という最先端の禅宗が渡来したことで、禅宗の各宗は黄檗宗の教義や文化をどのように自宗へ取り込むか、あるいは距離を置くか対応が分かれました。島原においては黄檗宗に批判的な立場をとった面山瑞芳が携わった石碑が、現本光寺にある一方、晴雲寺には即非が書いた扁額が残されており、当時の島原の仏教を考える上で興味深いものがあります。

現在の晴雲寺の境内はほぼ東面し、山門（写真左）の奥に本堂（写真下）が建ちます。山門は一間一戸薬医門で、形式から戦前の建物と考えられます。本堂は、一重の屋根で大棟の短い入母屋造、桟瓦葺の建物で、これは曹洞宗寺院の典型的な形式です。梁に彫られた渦・若葉の形状から、本堂の建立年代は18世紀後期であろうと推定されています。写真左下は市指定文化財となっている「高岳山扁額」

13 島原街道（殿様道）

殿様道の石畳（舗装前の様子）

現在の様子

　江戸時代に島原藩主が領内を巡視した道は、現在「殿様道」あるいは「殿様道路」と呼ばれています。「殿様」とついていますが、これは何も特別な道ではなく、普段は領民や旅人が通る街道でもありました。

　殿様道には島原城から北目に向かう道（北目筋）、山を越えて千々石に向かう道（千々石道）、南目に向かう道（南目筋）がありました。このうち南目に向かう道は、島原城の大手門を出て、大手川を渡り、今のアーケード内の万町・堀町・中堀町を進み、江東寺の南側を通り、白土湖へ出ます。その後、白土湖から桜井寺の方に向かい進みます。途中、山番所や今村刑場の前を通りますが、刑場では街道を通る人たちへ罪人をさらしたりしたそうです。さらに道は新山や緑町、南下川尻町、新湊二丁目と眉山のふもとを進んでいきます。新湊二丁目の南側から大下町にかけての坂道には「布津坂」や「堂崎坂」という呼び名が残っています。

　寛政4（1792）年の島原大変で南目道が寸断されたとき、当時の布津村や堂崎村の人々により石畳が敷かれたのでそう言い伝えられているものです。

　大下町までは道筋をたどることができますが、水無川周辺では雲仙普賢岳噴火災害の復興工事などで今では跡をたどることができません。

第4章　歴代島原城主列伝

発展の基礎を築いた藩主、豊後山から見守る

〈初代〉松倉重政 (1574年－1630年)

　松倉重政は、戦国大名で大和国郡山（現奈良県郡山市）城主・筒井順慶の重臣・松倉重信の子として生まれました。通常、豊後守を名乗っています。

　慶長13 (1608) 年、筒井氏は改易となりますが、重政は慶長5 (1600) 年の関ヶ原合戦の戦功により、大和国二見（現奈良県五條市）1万石の大名に取り立てられました。

　慶長20 (1615) 年の大坂夏の陣の戦功により4万石に加増となり、肥前国高来郡日野江（現南島原市北有馬町）に移されますが、程なくして島原城の築城に着手します。築城中は中世島原氏の居城であった浜の城を改修し居城としていました。

この像は、島原大変後の寺院再建の中で新たに造られ、文化13 (1816) 年に開眼供養式が行われたと言われています。

　重政が島原に移った年や島原城の築城年代については、多くの史料が年代を明記しないため、諸説あります。その中で天和2 (1682) 年に記されたとされる『肥前国有馬古老物語』という史料は、「元和2年に日野江に入った後、島原浜の城に移り、同4年に島原に本城の地を取り立て、7年で成就した」という旨で、具体的な年数を記しています。重政の治世は、島原が島原半島の政治・経済・文化の中心地として発展していく礎を築いたと評価される一方、領内統治のためのキリシタン弾圧と過重な年貢徴収によって、島原・天草一揆（島原の乱）が引き起こされたと、今なお語り継がれています。また、重政は南方への遠征を画策し、それに先立って寛永7 (1630) 年にルソン島（フィリピン）に使節を派遣しています。ところがその矢先、小浜（現雲仙市小浜町）にて死去。遠征は実現せず、ルソン島遠征の動機は謎のままとなりました。

松倉重政署名花押

　中堀町の江東寺には重政の墓地（市指定史跡）がありますが、古絵図によれば、死去間もなくは小山に墓所が営まれていたようです。その後、時期は明らかではありませんが、江東寺に改葬されたと考えられます。重政の墓は島原大変では墓碑が流失する事態となり、江東寺の再建とともに、文政11 (1828) 年に新たに墓石がつくられました。しかし復興の最中に元の墓石が発見され、現在は新旧二つの墓石が祀られています。重政が祀られる小高い丘は重政にちなんで「豊後山」と呼ばれており、今なお命日には有志の方々の手で供養祭が執り行われています。

「苛政は虎よりも猛し」史上最大級のジェノサイドを招く
〈第2代〉松倉勝家 (1597年－1638年)

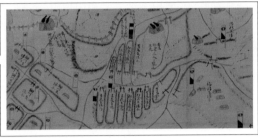

『原城攻防図』とその部分（島原城蔵）

　松倉勝家は、寛永8 (1631) 年、父・重政の死去に伴い、跡目を継いで島原藩主となりました。勝家は長門守を名乗っています。勝家が藩主であった寛永14 (1637) 年、島原・天草一揆 (島原の乱) が起こりました。当時の藩主が「松倉氏である」と語られることから、一揆の原因を父・重政の悪政に求める誤解した見方が多いのですが (重政がキリシタンを厳しく取り締まったことは確か)、実際は子・勝家の治政のまずさによるところが大きいようです。一揆の顛末の記録によれば、検地を行い不当に高い税率で年貢を取り立てた勝家の「税政」が領民を疲弊させ、不満を募らせました。また、熊本藩主・細川家に伝わる資料によると、多くの家臣が勝家の元を離れて島原から抜け出したとか。虚実ははっきりしませんが、勝家の所行についての不穏な噂話が流れ、藩主としての身の上が案じられている記述も見られます。

　有馬での代官殺害から始まった領民の蜂起は、天草での蜂起とも連帯し、一藩主だけでは制圧できない規模となりました。一揆の制圧には、西国の諸大名が動員され、蜂起した領民のほぼ全員が殺害。原城跡の発掘調査の結果、遺骸の上に石垣の石材を投棄していることなどから、幕府軍が一揆勢を徹底的に討滅した様子がわかってきました。

　一揆が鎮圧された後、勝家は所領を没収され、領内で一揆が引き起こされた責任を問われ、大名としては異例の、斬首の刑に処せられました。

写真上：高力忠房・清長の供養墓碑（快光院）
右：高力忠房菩提寺本尊（宝聚寺）

いつの世も後始末の役目は大変だ
〈第3代〉高力忠房（1584年－1655年）

　高力氏は、室町期に三河国額田郡高力郷（現愛知県額田郡幸田町）を本拠とし、代々松平本家および徳川家に仕えた家柄です。忠房は高力正長の長男として、天正12（1584）年に遠江国浜松（現静岡県浜松市）に生まれました。通常摂津守を名乗りました。

　慶長4（1599）年、忠房の祖父で武蔵国岩槻（現埼玉県さいたま市）藩主・高力清長に先立って、父・正長が亡くなり、清長もまた隠居します。これにより、忠房は高力家の家督を継ぎ、岩槻藩2万石の藩主となります。その後元和5（1619）年、3万石に加増され、遠江国浜松藩主となりました。

　寛永16（1639）年、島原・天草一揆（島原の乱）の責任を問われて改易となった松倉勝家の後を受けて、4万石への加増をもって島原藩主となります。島原に入った忠房は、一揆によって荒廃した領内農村の復興に尽力しました。他領からの移住民を受け入れ、領内寺社の創設や再興を行いました。また、一揆をきっかけに整備されていく幕府の対外政策において島原藩は重要な役割を担うこととなり、以後の藩主にも引き継がれていきます。

　明暦元（1655）年、忠房は参勤先の江戸から島原へ戻る途中、京都で亡くなります。萩原一丁目の快光院には高力忠房と祖父・清長の供養墓碑2基が残されており、市の史跡に指定されています。この墓碑はそれぞれの墓所である京都府向日市の永正寺（忠房）とさいたま市岩槻区の浄安寺（清長）から昭和43（1968）年に移されたものです。

高力忠房菩提寺本尊底面
（宝聚寺）

漢籍コレクター、国政を軽んず

〈第4代〉高力高長 (1605年−1677年)

城主を諫めて成敗された家老・志賀玄蕃（甚三郎）ゆかりの山。島原市指定史跡。今も数基の祠が祀られています。以前は奉納相撲が催されていました。

　高力高長公は「隆長」と表記されることもあり、通常左近太夫を名乗りました。明暦元 (1655) 年、父・忠房公の死去により島原藩主となります。高長は書籍、とくに漢籍（『論語』などの中国の書物）の収集家でした。幕府のお抱え儒学者であった林家の日記（『国史館日録』）には、全国でも指折りの、書物を収集する大名として、漢籍は高長、和書（『源氏物語』などの日本の古典）は、当時の丹波国福知山藩主・松平忠房公らが挙げられています。残念ながら高長公の蔵書は島原に伝わっていませんが、ともに島原にゆかりのある大名が国内有数の蔵書家であったことは大変興味深く、忠房公の蔵書が肥前島原松平文庫として伝わっているだけに大変惜しまれます。

　しかし、藩政については必ずしもうまくいったとはいえませんでした。高長公を強く諫めた家老・志賀玄蕃（甚三郎）を成敗するに至ったことが伝わっており、家臣団の統率がうまくとれなかったことをうかがわせます。なお、玄蕃が没した地は「甚三郎山」として伝えられています。

　そして、寛文7 (1667) 年、幕府が巡見使を島原に派遣した際、島原の領民が過重な年貢をかけられていることを巡見使に訴え出ました。幕府は再度調査した後、同年2月に高長を改易し、陸奥国仙台藩（現宮城県仙台市）へ配流。高長は延宝5 (1677) 年、同地で没しました。同時に嫡子・常長は出羽国庄内藩（現秋田県庄内市）に、二男・秀長は信濃国松代藩（現長野県松代市）にそれぞれ預けられますが、後年2人は赦され、高力家は旗本として存続していきます。

「殿」の蔵書印付きの本が今も読める
〈第5代〉松平忠房（まつだいらただふさ）（1619年－1700年）

松平忠房の蔵書印

　松平忠房は元和5（1619）年、三河国吉田（現愛知県豊橋市）に生まれました。忠房の松平家は、将軍家である徳川家がかつて松平家を称していた頃からの分家で、数ある分家の中で、三河国深溝（現愛知県額田郡幸田町）を出自としたことから「深溝松平家」と称しました。忠房公の父の松平忠利以降、当主は代々「主殿頭」を名乗りました。

　寛永9（1632）年6月に吉田藩主であった忠利公が亡くなり、家督を継ぎましたが、8月には三河国刈谷（現愛知県刈谷市）に移され、刈谷藩3万石の藩主となりました。

深溝墓所　松平忠房墓

　慶安2（1649）年、1万5千石の加増を以て、丹波国福知山（現京都府福知山市）に移された後、寛文9（1669）年さらに豊州の地（現大分県宇佐市、豊後高田市）を加増されて肥前国島原に移され、島原藩6万9,500石の藩主となりました。島原における忠房公の治政は30年近くに及びました。前藩主の時に過重となっていた農民の負担を緩和する政策をとるなど、民心の安定を図りました。また、半島を五筋（5ブロック）に分け、各所に代官を2名ずつ配しました。後に「北目筋」「南目筋」「西目筋」の三筋となり、村落支配の基本単位として後世に引き継がれていきました。一方で忠房公は、文武の諸芸を一流の講師から学び、究めました。さらには、神道家の伊藤栄治や、大和流弓術の開祖である森川香山などの優れた人材を島原に招きました。

　肥前島原松平文庫には、忠房公の蒐集書の証である「尚舎源忠房」と「文庫」の印が押された書物が数多く伝えられ、忠房公が探求心旺盛な人物だったことを物語ります。

　元禄11（1698）年、家督を養子の忠雄に譲って隠居し、元禄13（1700）年、82年の生涯を閉じました。

「宝生大夫重孝松平忠房宛仕舞付」
（肥前島原松平文庫所蔵）

松平文庫

「肥前島原松平文庫」は、旧島原藩主松平家が蒐集・所蔵していた古典籍類を中核とする資料保存機関です。これら古典籍類は昭和39（1964）年4月10日、島原城天守閣再建を記念して、松平家から島原市に正式に寄贈されました。現在、長崎県有形文化財に指定されています。

所　島原市城内1丁目1202
　　（島原図書館内）
TEL 0957-64-4117
開館時間　10:00～12:00
　　　　　13:00～17:00
休庫日　月曜日ほか
※閲覧希望は要予約

松平家の家族愛を物語る
深溝松平家墓所

島原墓所の福昌院墓

松平忠房の母への愛

　島原藩の政務記録である『萬覚書』天和２年10月５日条には、
　一、福昌院様御病気御養生不被為
　　叶、巳刻御遠行被遊候、
と松平忠房の実母である福昌院の逝去が記録されており、７日には「御墓所山」（丸山）へ運ばれて埋葬されました。母の死に忠房は呆然自失としていたようで、『深溝世紀』には次のように記録されています。
◆しばしば福昌院の墓所を訪れてさまよい、しばらくして御殿に帰るが、常に部屋に閉じこもって庭をみることもなかった。

◆10月25日、福昌院の遺言により忌明けするよう願い出たがお聞き届けいただけなかった。11月10日、本光寺主が「世の人は父母の喪に服するとしても35日を過ぎれば精進を解くもの。ましてや忠房公においてはそうしないことがありましょうか。願わくは世間の人々のように精進を解かれてください。」と願い出たが、忠房は答えなかった。
◆11月11日、家老の板倉房勝が干し魚の御膳を進めた。忠房は膳を突き返し、「私は慎んで服喪期間を終えるだけである。」と言った。房勝は福昌院

3ヶ所の真正院墓（左から、島原墓所・深溝本光寺・宇都宮慈光寺）

の遺言を持ち出して説得し、忠房もしかたなくこれに従った。

忠房が母の死に際して落胆するとともに、しっかりと供養をしようとする姿が垣間見えます。忠房は福昌院の墓所を管理する小庵を建て、この小庵が元禄3年（1690）年に寶圓山浄林寺として寺院化されました。「寶圓」は福昌院の戒名「福昌院殿壽嶽寶圓大姉」からとられたもので、忠房が愛する母のために建立した寺院といえます。

亡き家族への愛

松平忠雄には春（真正院）という側室がいました。彼女は男子2人・女子1人を生み、嫡男の母という立場（「御部屋」）となりました。しかし、忠雄との間に生まれた3人の子どもたちは相次いで先立ち、夫である忠雄も享保21年に逝去しました。一人残された真正院は、その後の松平家当主の教育係として御家のしきたりを伝えたと考えられます。

忠雄の墓は元文元年9月に建てられ

ていますが、その5ヶ月前に御廟所の整備されたことが記録されています。おそらく、この整備によって先だった3人の子どもたちの墓が整備されたと考えられます。そして、この時、真正院自身の墓も建てられた可能性があります。忠雄家族の墓碑の並びは忠雄を中心として一家が揃う配置となっており、真正院が望んだ一家団欒の空間を作り出したのではないかとも考えられます。

深溝本光寺には忠雄の33回忌に際して真正院が寄進した地蔵菩薩像がありますが、この下には真正院の遺命により真正院の歯が埋納されたと伝えられています。死して後も先立った夫と子どもたちと共にいたいと願った女性の愛が伝わる空間です。

［基本情報］
深溝本光寺
　歴代の松平家当主が眠る場所で、西御廟所と東御廟所と二つの墓域があります。

所　愛知県額田郡幸田町深溝内山17

在位期間は37年と最も長くお勤め

〈第6代〉松平忠雄(ただかつ)(1673年-1736年)

深溝墓所の松平忠雄墓から
出土したベネチアンガラス
コップ（幸田町教育委員会
提供）

松平忠雄は、延宝元(1673)年に生まれました。忠雄は、のちに忠房の養子になりますが、実の父は、深溝松平家の分家筋にあたる旗本・松平伊行(これゆき)です。忠房の長男・好房(よしふさ)は、忠房が島原に入る直前(寛文9年・1669年)に亡くなります。好房没後、跡継ぎは当初、次男の忠倫(ただとも)と目されていましたが、忠房は、貞享3(1686)年に養子にしていた忠雄を、元禄4(1691)年に跡継ぎとし、忠倫を隠居(廃嫡)(はいちゃく)させました。

元禄11(1698)年、忠雄は、忠房から家督を譲られ、藩主となります。宝永3(1706)年から翌年にかけて、忠雄は、領内の検地を実施します。この検地は、長く島原藩政の基本となると共に、これを元に作成された、島原半島33箇村の石高や、人口、産物や旧跡などの詳細な記録は、『島原大概様子書(たいがいようすがき)』(肥前島原松平文庫所蔵)として後年に伝わり、江戸時代の村落の様子がわかる資料として多くの研究者に引用されています。

忠雄公の島原藩主としての在位は、歴代の中で最も長い37年に及びました。その間、藩の財政に影響を及ぼすような凶作や、跡を継ぐ男子や養子までも相次いで先立たれるという、厳しい現実にも直面しました。

忠雄公は、享保20(1735)年、家督を養子の忠長(のちの忠俔)(ただみ)に譲って隠居し、翌年、江戸で亡くなりました。忠房公と同様に、三河国深溝(現愛知県額田郡幸田町)に埋葬されましたが、藩主としては唯一、島原にも墓碑が建立されています。

本光寺は現在地と違う場所にあった⁉

深溝松平家の菩提寺である本光寺は、松平忠房が入部した際に前藩主の高力家の菩提寺である禅林院の伽藍を使用していたと考えられます。禅林院は晴雲寺に隣接した場所にありました。本光寺は明治維新とともに廃寺となり、本光寺学校として使用された後、浄林寺跡地に移転しました。

深溝墓所の松平忠雄墓

島原墓所の松平忠雄墓

多くの神像や経典を残した信心深い城主
〈第7代〉松平忠俔 (1711年−1738年)

松平忠俔は、正徳元 (1711) 年、島原藩大老 (家老)・松平次章の四男として島原で生まれました。初めは忠長と名乗っていました。享保20 (1735) 年、忠雄の養子となり、その年の終わりに家督を継ぎます。忠俔の在位は、わずか3年ですが、神仏への信心が大変深い藩主として後世に語り継がれています。『深溝世紀』(肥前島原松平文庫所蔵) には、雲仙に普賢堂や鳥居を建立したり、菩提寺である本光寺に梵鐘を納めたりしたことが記録されています。このうち鳥居については、平成の噴火災害による土石流の被害を受け、現在、南千本木に柱の一部が遺されています。

元文2 (1737) 年には、城下の寺社に対して本堂などの修復料を一斉に与えました。また、忠俔は、万町の乙名・讃岐屋市兵衛に命じ、京の有名な仏師30人に一体ずつ神像を作らせ、護国寺に納めました。あわせて、島原藩の石高にちなみ、7万巻の経典も納められています。以後、天明元 (1781) 年の護国寺の火災や、寛政4 (1792) 年の「島原大変」の難をまぬがれ、「護国寺の三十番神像」として、今なお、人々に厚く信仰されています。

元文3 (1738) 年、忠俔は28才の若さで亡くなりました。島原で亡くなった忠俔の埋葬先について、島原に葬ることも取り沙汰されましたが、最終的には、深溝松平家の歴代が眠る三河国深溝 (現愛知県額田郡幸田町) に埋葬されました。

護国寺三十番神の
松平忠俔座像

三十番神寄進者
讃岐屋市兵衛座像

護国寺三十番神

松平忠刻書画

産業を振興した芸術家肌藩主
〈第8代〉松平忠刻 (1716年−1749年)

本光寺の十六羅漢窟

　忠刻は享保元（1716）年、深溝松平家の分家の旗本・松平勘敬の長男として生まれました。

　元文3（1738）年、跡継ぎのいなかった前藩主・忠俔が病に倒れ、急遽忠俔の養子となりましたが、程なくして忠俔公が亡くなったため、そのまま藩主となりました。

　忠刻の治政は、以後の政治や産業の礎となった施策が見られます。元文4（1739）年これまでの日誌に加え、藩の部署ごとに年間の出来事を詳細に記録するよう命じました。また寛保元（1741）年には、月ごとの引き継ぎによってあやふやになっていた罪人の罪状や禁固の年数を、記録によってはっきりさせるようにしました。産業面では延享元（1744）年、領内に和ろうそくの原料となる櫨の木を十万

蝋船（島原城蔵）
忠刻が櫨の栽培を奨励し、ハゼ蝋が産業となっていくので蝋船を入れています。

本植樹させており、後に島原藩の主要産業の一つとなっていきます。一方で、忠刻公は文芸もよくたしなんでいたことが記録されています。忠刻公の治世中に改称された別邸・常盤茶亭（茶屋）で宴を催しています。また、能を鑑賞したり、今の先魁町に設けた別邸・紅葉茶亭では、歌舞伎をたびたび鑑賞したりしました。

　寛延2（1749）年5月8日、参勤で上京の途中、周防国下松（現山口県下松市）で急死しました。享年34歳、藩主としては11年の在位でした。亡骸は下松から一旦島原に運ばれ、葬儀が営まれた後、三河国深溝（現愛知県額田郡幸田町）の本光寺に運ばれ、埋葬されました。

12歳で在位2カ月、荷が重かった
〈第9代〉松平忠祇（まつだいらただまさ）（1738年-1801年）

　忠祇は元文3（1738）年、後に藩主となる忠刻の長男として生まれました。寛延2（1749）年、忠刻が参勤で江戸に向かう途中に急死し、忠祇がその跡を継いで島原藩主となります。しかし、このとき12歳だった忠祇に長崎での勤めなどは遂行できないとの幕府の判断により、下野国宇都宮藩（現栃木県宇都宮市）の戸田忠盈と交替で移され、忠祇は宇都宮藩主となります。忠祇の島原藩主としての在位はわずか2カ月ほどでした。

　九州諸藩に目を配らせることや、長崎の貿易監視や、長崎奉行との連絡調整を図るなど、島原の藩主が担っていた任務が幕府としていかに重要で、幼い藩主に務まる任務ではないことが、この藩主交替の事例から分かります。

　若くして藩主となった忠祇でしたが、生来病弱だったため、藩主としての勤めを全うすることはできず、宝暦12（1762）年、家督を弟の忠恕に譲ります。このとき忠祇はまだ28歳でした。

　その後は名を主殿頭から大炊助と改め、江戸で暮らし、享和元（1801）年に亡くなりました。享年64歳でした。

熱海市湯前神社にある石灯籠

深溝墓所の松平忠祇墓（幸田町教育委員会提供）

困った時の名ピンチヒッター家系

〈第10代〉戸田忠盈 (1730年－1781年)

　島原藩は、忠房から4代、約80年にわたって深溝松平家が統治してきました。寛延2 (1749) 年に忠刻公が急死し、後継者であった忠祗は、若干12歳という年齢でした。幕府にとって島原は統治が難しい地域であり、長崎監視という重要任務もあったため、藩主の任命は重大事でした。そこで、寛延2 (1749) 年、下野国宇都宮藩の戸田忠盈公が領地を交代するかたちで入封することになりました。戸田氏は、譜代大名で、寺社奉行、京都所司代など幕府の重役を多く輩出する家系です。忠盈の父も奏者番 (武家の礼儀作法の管理や将軍への挨拶を取次ぐ役職) を務めています。

　忠盈の治世は5年間と短く、不明な点が多いのが実情ですが、おおよそ松平時代の政策を引き継いだと考えられています。有明町には、六人道堤という溜池がありますが、これは戸田氏の治世に作られたもので、今も農業用水として利用されています。一方で、忠盈は病弱だったようで、入封後5年程で引退、天明元 (1781) 年に51歳で亡くなりました。

六人道堤の宝暦十辰年用水碑

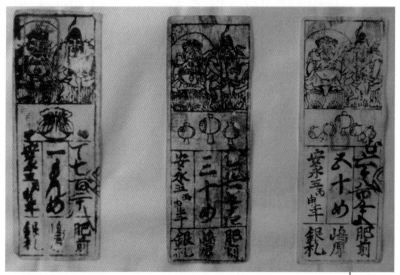

島原藩の藩札

藩札で財政立て直しを図る
〈第11代〉戸田忠寛（ただとう）（1739年－1801年）

　戸田忠盈には男児が一人いましたが、早くに亡くなってしまいました。家督は弟の忠寛に譲られ、忠寛が藩主となりました。島原藩では、農村の疲弊や財政悪化が課題となっており、忠寛が内政に心を砕いたことが想像されます。実際に、明和4（1767）年には、15年の期限付きで藩札（藩が独自に発行した紙幣）を発行したい旨を幕府に要請し、財政の立て直しを試みています。

　安永3（1774）年、松平忠恕と交代する形で旧領の宇都宮藩へ戻ることになります。戸田氏は幕府の要職を歴任する、吏僚タイプの大名と言えます。忠寛も明和7（1770）年、奏者番に任命されたことを皮切りに、寺社奉行、大坂城代、京都所司代と幕府の要職を歴任しました。京都所司代であった天明7（1787）年には、「御所千度参り」が起きました。これは、飢饉に苦しんだ人々が御所に救援を求めて起きたものでした。朝廷は食料を配るなど救援対策を行いましたが、事態を憂慮した光格天皇は、京都所司代（忠寛）を通じて民衆への救済を幕府に要請し、幕府は米を配給して対応しました。

　忠寛公は寛政10（1798）年に引退し、長男の忠翰に家督を譲ります。享和元（1801）年に62歳で亡くなりました。

困窮に追い打ちをかけた島原大変
〈第12代〉松平忠恕（まつだいらただひろ）（1742年－1792年）

　松平忠恕は忠刻の次男として誕生しました。宇都宮藩主である兄の忠祇が宝暦4（1754）年に病を理由に退隠したため、跡を継ぐこととなります。

　安永3（1774）年には旧領である島原藩への転封が命ぜられ、翌年に入部します。この国替には莫大な費用がかかり、後の藩政へ影響をもたらすことになります。入部後、先の島原藩主戸田氏が発行していた藩札の発行期限を先延ばしにし、藩の財政立て直しに着手しました。また、島原藩の特産物となりつつあった櫨生蝋（はぜきろう）の専売制（せんばいせい）を採用するなど地場産品の生産力向上にも取り組みました。このように財政の立て直しに尽力しましたが、現代の財政再建が難しいのと同様に、思惑通りにいきませんでした。藩札の発行はインフレを引き起こし、米価は低落。農民は困窮することに。また、櫨生蝋の生産も専売制を採用したために、単価が安くなり生産意欲の低下を招いてしまいました。安永4年・天明期（あんえい）（てんめい）（1772年－1781年）は台風被害が相次ぎ、さらに藩は困窮していきました。

　寛政4（1792）年には、いわゆる「島原大変」という未曽有の大災害が発生し、災害復興金を幕府から借用し復興にあたることになります。忠恕公は復興へ取り掛かる矢先の寛政4年4月27日、避難先の守山村（もりやま）（現雲仙市吾妻町）にて死去しました。「不運な藩主」ともみられがちですが、困難に直面しても、結果はともあれ行動する、責任感あるお殿様ともいえるでしょう。

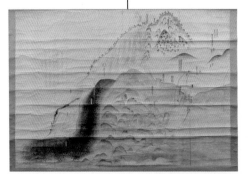

『島原大変大地図』『肥前温泉災記』（肥前島原松平文庫所蔵）

上の原の土手。島原大変の後、眉山の土砂が城下に流れてこないように城下町民たちがつくった土手です。

『肥前温泉災記』

写真左下：回向堂
右：回向堂本尊

稽古館をたて、生蝋で災害復興
〈第13代〉松平忠馮（1771年 - 1819年）

松平忠馮は、忠恕公の六男として明和8（1771）年に誕生しました。忠馮が正室との間に生まれた子であったために、六男でありながら世継ぎとなりました。忠恕が寛政地変の直後に急死したため、急遽、忠馮公が家督を継ぎます。忠馮はまず、喫緊の課題である災害復興に取り掛かります。幕府から一万二千両を借用しましたが、復興資金は足りず、銀札を発行することになりました。しかし銀札の発行はインフレを起こしてしまい、領内に倹約を命じ財政緊縮化を図ることになります。一方で、生蝋の生産・販売体制を整え財政再建への取り組みとしました。

流死永代施餓鬼牌名

寛政5（1793）年には、先魁に稽古館を設置。朱子学に精通する岩瀬勘平を教授として、藩士子弟を学ばせるなど藩学の振興にもつとめました。

現代の災害復興において慰霊碑が建立されるのと同様、忠馮も、亡くなった人々を弔うために「流死菩提供養塔」を領内7カ所に建立しました。加えて、本光寺副住職の多福軒には高島回向堂の建立を命じました。回向堂内にはここに埋葬された流死者278名の戒名が記された「流死永代施餓鬼牌名」が安置されています。

未曾有の大災害と財政健全化を目指した忠馮は、藩政改革が結実しつつある、文政2（1819）年に48歳で亡くなりました。

田町供養塔

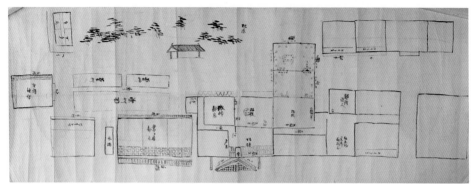

大学病院の草分け!?医学教育と医療を両立

〈第14代〉松平忠侯 （1799年－1840年）
まつだいらただ よし（ただこれ）

忠馮の四男として生を受けた忠侯は、忠馮の死により21歳で藩主となりました。忠侯は、先代の忠馮が行ってきた寛政地変からの復興や財政の健全化など藩政改革を引き継ぐこととなりました。忠侯の治世で特筆すべきは、藩校稽古館を拡充したことが挙げられるでしょう。藩校に御用学者であった川北温山らを教授として任命し、学生数も増やして学術振興を図りました。

また、文化4（1807）年には、稽古館の学科目の一つであった医学を独立させて、済衆館という医学校を設立させました。済衆館は医学校と病院を兼ねたもので、今の大学病院のようなものでしょうか。この済衆館は後世、蘭医学を吸収する地盤ともなったことから、島原藩の医学史において重要な機関であったといえるでしょう。

忠侯は、学問好きで肥前島原松平文庫の蔵書中に忠侯公の蔵書印が捺されているものや、忠侯自身が写した写本もあります。忠侯の治世は比較的安定した期間と言えますが、農村振興には苦心したようです。天保7（1836）年からは飢饉が発生し、対応に苦慮したものと思われます。天保11（1840）年、42歳の厄払いの宴のさなかに病を発し、22年の治世に幕を閉じました。

松平忠侯公が書写した『勤例類彙』（肥前島原松平文庫所蔵）

蘭学を導入した先進的お殿様
〈第15代〉松平忠誠（まつだいらただなり）（1824年－1847年）

　忠侯の逝去（せいきょ）を受けて天保11（1840）年に藩主となったのが次男の忠誠です。忠誠が藩主となった時期は、日本近海に異国船が頻繁に出没していた時期にあたります。島原藩は幕府より長崎の監視を命じられていましたから、長崎や豊州（ほうしゅう）領、島原の海岸防備に力を注ぎました。弘化元（1844）年には、オランダ軍艦、翌年にはイギリス艦、翌々年にはフランス艦と毎年のように長崎に入港したため、警備に追われました。一方で、忠誠の時期には藩内に蘭学（らんがく）が根付きはじめた時期とも言えます。医師の市川泰朴（いちかわたいぼく）が領内の医師を集めて死体解剖（腑分け）（かいぼう　ふわけ）を行い、解体図（肥前島原松平文庫所蔵・市指定有形文化財）がつくられました。市川らは天保14（1843）年と翌年の二度にわたって解剖を実施したと考えられています。これは日本の西洋医学にとっても先駆的な業績です。

　また、弘化（こうか）3（1846）年には、眉山の麓に薬園を開設し、その経営に飯島義角（いいじまぎかく）と賀来佐一郎（かくさいちろう）（佐之）（すけゆき）をあてました。薬園経営の実際は、薬草というよりも主に唐芋や菜種などが栽培されていたようで、薬園の経営に苦心したことが想像されます。家臣の声に耳を傾け藩政にあたろうとした忠誠でしたが、病気がちで弘化4（1847）年4月16日に在位8年で24歳の若さで死去しました。激動の時代への萌芽（ほうが）の中で、西洋の知識が国内に徐々に広がりをみせる時代のお殿様でした。

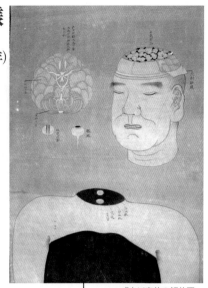

『市川泰朴の解体図』
（肥前島原松平文庫所蔵）

伝・市川泰朴肖像

賀来佐一郎　『杏雨書屋所蔵
医科肖像集』（財）武田科学
振興財団　杏雨書屋所蔵

国指定史跡旧島原藩薬園跡

真鏡印嫁入り道具
（本光寺蔵）

城下に台場を築き大砲も鋳造
〈第16代〉松平忠精（まつだいらただきよ）（1832年－1859年）

　忠精は忠侯の第四子で、先代の忠誠公の同母弟になります。忠誠の急逝を受けて、藩主となりました。忠誠の頃からの課題であった海防政策においては、島原城下に台場を築いたほか、広く銅器を徴収して大砲も鋳造しました。しかし、その後も長崎には西欧諸国の船が来航したため、警備兵を派遣する必要がありました。ペリーによる浦賀への「黒船来航」も、嘉永6（かえい）（1853）年と、忠精の時代にあたります。このような外国からの圧迫に対抗するための海防費がかさみ、藩の財政を圧迫することとなりました。加えて、風水害や干害により、収入も減少していましたから、藩政に追い打ちをかけます。

　このような世相の中、農村では痘瘡やトンコロリ病（コレラ）が流行し、農村部をさらに疲弊させました。そこで、藩は藩医の賀来佐一郎に種痘を学ばせ、嘉永2（1849）年に城内の済衆館において種痘（しゅとう）を実施しました。

　忠精は、庄内藩主酒井忠器（さかいただかた）の娘・銶子（せい（しょう）こ）（俊光院（しゅんこういん））と安政元（あんせい）（1854）年に結婚しますが、2年後に先立たれてしまいます。安政5（1858）年には、宇和島藩伊達宗紀（だてむねただ）の娘・正子（まさこ）（真鏡院（しんきょういん））と結婚しますが、忠精は、安政6（1859）年、6月28日に28才で亡くなりました。真鏡院の墓は松平家墓所（現本光寺）に建立されています。また、本光寺常盤歴史資料館には真鏡院にまつわる資料も所蔵されています。この真鏡院を通じた宇和島藩伊達家との繋がりは次代・忠淳（ただあつ）へ引き継がれていくことになります。

伊達家の家紋が入った長持ち（本光寺蔵）

立派な施政方針が残る早逝の殿
〈第17代〉松平忠淳（まつだいらただあつ）（1841年 - 1860年）

　先代の忠精の急逝後、養子として、伊予宇和島藩主伊達宗紀の息子を藩主として迎えました。これが忠淳になります。忠淳公の3歳年上の姉が忠精公の継室であった真鏡院（けいしつ）にあたります。安政6（1859）年12月に弱冠18歳で忠淳は藩主となりました。その直後、家臣たちに対して、「私は島原藩主を継ぐこととなったが、まだまだ未熟者であるので、皆の意見を聞きながら政治を行っていきたい。補佐してほしい」と述べ、領民に宣布させたと伝えられています。今で言うところの施政方針でしょうか。深溝松平家は養子を迎えて家督を繋いできましたが、従来は深溝松平家と血縁の繋がりがある人を迎えてきました。その中で、忠淳は初めて、深溝松平家の血縁者以外から迎えられた藩主となります。

深溝墓所　松平忠淳墓
（幸田町教育委員会提供）

　安政7（1860）年3月3日に発生した桜田門外（もんがい）の変（へん）では、忠淳は井伊家を弔問させ、万一の事態に備えて島原の藩兵を呼び寄せて江戸屋敷の守備を固めさせました。しかし、持病となっていた脚気（かっけ）から心不全（衝心）（しょうしん）となり、わずか1年足らずで江戸で亡くなりました。死後は、慣例通り深溝松平家の当主として深溝の松平家墓所に埋葬されました。

　19人いる歴代の島原藩主の中で、島原の地を踏むことがなかった藩主は忠淳だけになります。宇和島藩の史料には、幼い頃の忠淳公について書かれているものも残っているようですので、今後も調査をしていく中で、どのような人物だったのか明らかになっていくことでしょう。

松平忠淳の位牌

様々な場所の台場の図面を残す

〈第18代〉松平忠愛（まつだいらただちか）（1845年－1862年）

　先代の忠淳の急逝のため、深溝松平家の支族から迎えられたのが忠愛公です。忠愛公の父は忠侯の弟で、忠精の娘・玫子（こうこ）と将来的には結婚させて継嗣させる考えのもとで、襲封（しゅうふう）しました。

　文久元（1861）年に島原城に入城しましたが、忠愛公の治世においても外国船警備が重要な課題となっていました。肥前島原松平文庫に所蔵される資料群の中に、「宮川家資料」という一群があります。宮川家は島原藩において砲術を指南する家系でした。幕末期には藩兵の近代化を目指していたと考えられます。資料群の中には台場（砲台）図面や西洋製大砲の図面などが確認できます。中でも、「口之津港要図」や「加津佐村水月御臺場内見之図（かづさむらすいげつごだいばないけんのず）」は、島原半島南部の海岸にどのような台場を構築していたのかを考える上で、興味深い資料といえます。

　この他にも長崎に佐賀藩が築いた四郎ヶ島台場（しろうがしま）や江戸の品川台場などの図面もあることから、島原藩が大砲や台場構築の調査・研究をすすめ、海防に活かそうとしていたことがうかがえます。また、藩士たちがさまざまな先端技術を吸収しようとしており、技術者としての性格が濃くなっていくことも興味深い点といえます。

　文久2（1862）年4月、参勤のために島原城を発った忠愛でしたが、その途上、長門国小郡（ながとのくにおごおり）（現山口県小郡市）にて痲疹（ましん）にかかってしまいました。療養の後、江戸に到着しますが7月7日、18歳で亡くなりました。当初考えられていた玫子との婚儀も調わないうちの早逝でした。

八ホント野戦銃正図
（肥前島原松平文庫所蔵）

加津佐村水月御台場外見之図
（肥前島原松平文庫所蔵）

品川五之台場入口正面火薬蔵
地形正面並玉穴正面
（肥前島原松平文庫所蔵）

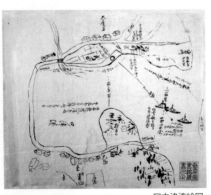

口之津湊絵図
（肥前島原松平文庫所蔵）

写真左：松平忠和肖像（肥前島原松平文庫所蔵）
下：ロンドン洋行時の様子（肥前島原松平文庫所蔵）

版籍を奉還後、欧米を視察、子爵に
〈第19代〉松平忠和（まつだいらただかず）（1851年－1917年）

　文久2（1862）年、前藩主の忠愛が在位わずか3年、18歳で死去したため、後継者が途絶えてしまいました。このような緊急事態の中で、藩は喪を秘して後継者を探した結果、水戸藩の徳川斉昭の16男であった昭嗣（後の忠和）に白羽（しらは）の矢（や）が立ちました。昭嗣はわずか12歳でした。兄に、のちに徳川幕府最後の将軍となる一橋慶喜（ひとつばしよしのぶ）がいます。

　忠和の治世には、島原半島沿岸の防備を強化し、島原城三ノ丸外庭に調練場をつくるなど、兵制改革が推進されました。一方で、2度に及ぶ幕府と長州藩の戦いでは、兄・慶喜に応えて幕府方として出兵しましたが、このような幕府寄りの姿勢に藩内の下級士族の中で不満が募り、要人暗殺などの事件に発展しました。

　慶応3（1867）年の大政奉還（たいせいほうかん）に引き続いた戊辰戦争（ぼしん）では、奥羽雫石（うしずくいし）（現岩手県雫石町）まで出兵しました。明治2（1869）年、版籍（領地と領民）を奉還して、島原知藩事に任命され、明治4（1871）年の廃藩置県により島原藩は消滅してしまいました。

　その後、忠和は家臣2名と欧米を視察しており、肥前島原松平文庫では、シカゴから送られた旅行記の写しやロンドンで撮影したとされる写真を所蔵しています。

　忠和は、明治17（1884）年に子爵（ししゃく）に列せられ、明治18（1885）年に宮内省に出仕し、大正6（1917）年67歳で亡くなりました。

　島原藩消滅後も旧藩士たちとの交流があったことが、肥前島原松平文庫に所蔵される資料からもうかがえます。

忠和公洋行記
（肥前島原松平文庫所蔵）

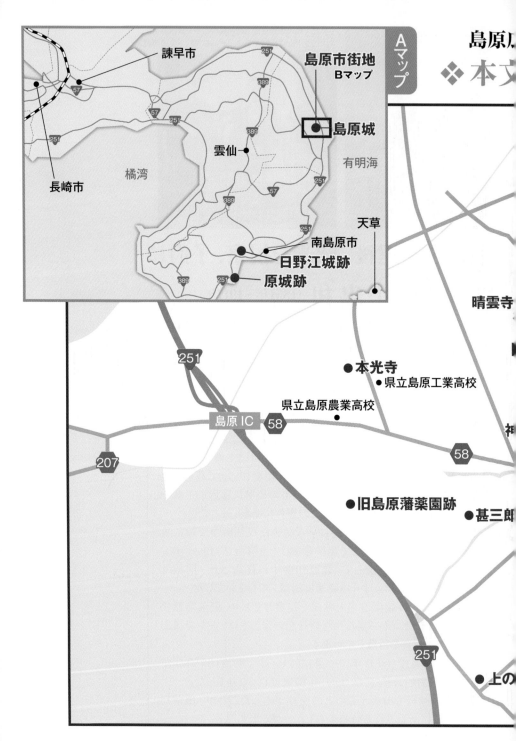

Bマップ

↑諫早 —— 二本木神社

諫早門（北門）後

有明海

常盤茶屋跡 ● 小早川家住宅
（済衆館跡）

田町門跡
稽古館跡

御清水 ● 桜門跡 ● 猛島神社
● 山本家住宅
塚家 ● 水神祠
島原武家屋敷通り ● 佐久間家

島原城 ▢ 島鉄島原駅

202

宮川家 長浜海岸
跡 ● 島原市役所
松平文庫 ● 大手門跡
（島原市立図書館内）

● 回向堂

中村家の長屋門 ● アーケード
● 快光院

湧水庭園四明荘 浜の城伝承碑
（中央公園内）

護国寺 ▢ 霊丘公園体育館駅
（三十番神像）

江東寺 251
（松倉重政墓）

白土湖

土手

島原外港↓

【資料協力】

本光寺、国立国会図書館、宇土智恵氏、国土地理院、肥前島原文庫、佐賀県立図書館、広島市立図書館 浅野文庫、長崎歴史文化博物館、東京大学資料編纂所、臼杵市教育委員会、島原時報、島原観光ビューロー、松陰神社、島原城、宝聚寺、深溝本光寺、幸田町教育委員会、武田科学振興財団 杏雨書屋所、佐賀県立博物館、南島原市、臺雲寺、島原鉄道、長崎県観光連盟 ながさき旅ネット

【表紙デザイン・イラストレーション】

山本志保

島原城まるわかりブック

発 行 日	令和6年3月29日　初版第1刷
監　　修	吉岡慈文　島原市教育委員会　学芸員
発 行 者	島原城築城400年記念事業実行委員会 〒855－8555 長崎県島原市上の町537 島原市商工観光部しまばら観光課内 TEL. 0957-63-1111　FAX. 0957-63-8006 ホームページ https://www.city.shimabara.lg.jp
編集・制作・販売	株式会社 長崎文献社 〒850-0057　長崎市大黒町3-1　長崎交通産業ビル5階 TEL. 095-823-5247　FAX. 095-823-5252 ホームページ https://www.e-bunken.com
印 刷 所	日本紙工印刷株式会社

©Shimabaracity.2024.Printed in Japan
ISBN978-4-88851-400-2　C0021